Rainer Maria Rilke

The Notebooks of
Malte Laurids Brigge

발테의 수기

Retold by James McNaughton

발 행 인	장운선
펴 낸 곳	●●● THE**TEXT** A YBM COMPANY
초판발행	2008년 3월 12일
3쇄발행	2014년 7월 4일
등록일자	1992년 4월 30일
등록번호	제 2010-000233호
	서울특별시 강남구 테헤란로 151 역삼하이츠빌딩
	TEL (02) 2000-0515
	FAX (02) 2271-0172
Copyright	©2008 THE TEXT
ISBN	978-89-92228-88-6
인터넷 홈페이지	http://www.ybmbooks.com

머 리 말

21세기 현대 생활 전반에서 영어는 큰 비중을 차지하고 있으며, 영어 실력은 한 사람을 평가하는 중요한 척도로 자리 잡았습니다. 영어 실력을 배양하기 위해서는 완전하면서도 자연스러운 원어민의 말과 글을 많이 접하고 느껴야 합니다.

이를 위해 YBM/Si-sa 가족인 THE TEXT는 세계 문학사에 빛나는 작품들을 엄선하여 The Classic House를 펴내게 되었습니다. 세계적인 명작들은 숨가쁜 현대를 살아가는 우리들에게 글 읽기의 즐거움과 함께 그 심오한 사고의 깊이로 시대를 초월한 감동을 선사합니다.

그러나 이들 문학 작품들이 탄생한 시대의 문체와 현대의 문체 사이에는 큰 차이가 있어서 영어를 사랑하는 사람들도 접근하기가 힘든 점이 있습니다. 이에 THE TEXT는 원작의 내용을 그대로 살리면서 보다 쉽고 간결한 문체로 원작을 재구성하여, 독자 여러분이 명작의 감동을 그대로 느끼면서 현대 영어를 자연스럽게 체득할 수 있도록 배려하였습니다.

The Classic House가 독자 여러분의 영어 실력 향상뿐 아니라 풍부한 정서 함양과 문학적, 문화적 교양을 배양하는 데 큰 도움이 되기를 기대합니다.

이 책의 특징

폭넓은 독자층 대상 고등학생, 대학생, 일반 성인 등 다양한 독자들이 쉽게 접근할 수 있는 영어 수준으로 구성하였습니다. 부담 없이 읽는 가운데 영어실력이 향상됩니다.

읽기 쉬운 현대 영어로 전문 재구성 영어권 작가들이 원작의 분위기와 의도를 최대한 살려서, 고전적인 문체와 표현을 현대 영어로 바꿔 이해하기 쉽게 다시 집필하였습니다.

친절한 어휘해설 및 내용설명 오른쪽 페이지의 주해(Footnotes)를 통해, 본문 어휘풀이뿐 아니라 내용 이해에 필요한 상황설명과 문화정보(Cultural tips)도 함께 제공합니다.

유려한 우리말 번역 영어 본문 뒤에 「명작 우리글로 다시읽기」를 실었습니다. 훌륭한 번역서의 기능을 하며, 해당 영문의 페이지도 표시하여 찾아보기 쉽도록 하였습니다.

본문 표현을 활용한 생활영어 권말에는 「명작에서 찾은 생활영어」가 있습니다. 영어 본문에서 생활영어로 활용 가능한 표현이나 문장을 뽑아 상세한 해설과 함께 실었습니다.

원어민이 녹음한 MP3 file www.ybmbooks.com에서 원어민이 영문을 낭독한 MP3 파일을 무료로 다운로드 받아 읽기 능력뿐 아니라 듣기 능력과 발음이 향상되도록 하였습니다.

이 책의 활용법

Listening Casually 본격적으로 책을 읽기에 앞서 MP3 파일을 들으면서 책의 내용을 추측해 봅니다. 들리지 않는 단어가 나오더라도 본문을 참고하지 않도록 합니다.

Reading Through 영어 본문을 본격적으로 읽습니다. 문장을 읽다 간혹 모르는 단어가 나오더라도 멈추지 않고 이야기의 흐름을 파악하는 데 중점을 두면서 읽습니다.

Reading Carefully 오른쪽 페이지 하단의 주해와 책 말미에 있는 「명작 우리글로 다시읽기」를 참고하여 문장의 정확한 의미 파악에 주력하며 다시 한번 영문을 읽습니다.

Listening Carefully 상기한 3단계를 거치며 영문의 의미를 파악한 다음, 이전에 들리지 않았던 영문이 완전히 들릴 때까지 MP3 파일을 반복해서 청취합니다.

Speaking Aloud MP3 파일을 자신이 따라할 수 있는 속도로 조절해 가면서 원어민의 발음, 억양, 어투 등에 최대한 가깝게 발성하면 회화에 큰 도움이 됩니다.

Speaking Fluently 「명작에서 찾은 생활영어」를 통해 실생활에 유용하게 쓰일 수 있는 회화 표현들을 자연스럽게 익혀 유창하게 말할 수 있도록 합니다.

저자소개

라이너 마리아 릴케(Rainer Maria Rilke) 체코, 1875~1926

체코가 오스트리아의 지배 하에 있던 시절 프라하에서 태어난 릴케는 1886년 아버지의 뜻에 따라 군사학교에 입학하였으나 풍부한 시적 감성과 병약한 체질로 인해 1891년 학교를 중퇴하였다. 그 후 3년여의 습작활동 끝에 1894년 처녀 시집 「삶과 노래(Life and Songs)」를 발표한 릴케는 1895년에 프라하 대학 입학을 계기로 본격적인 문학수업을 받게 되었다.

대학 졸업 후 1902년에 파리로 건너 간 릴케는 로댕(Auguste Rodin)의 비서가 되어 한집에 기거하면서 시각적 예술을 언어로 승화시킨 「신시집(New Poems, 1907)」을 완성하여 사물시(事物詩)라는 형식을 창조하였고, 1910년에는 파리에서의 고독과 절망을 바탕으로 「말테의 수기(The Notebooks of Malte Laurids Brigge)」를 발표하였다. 만년에는 스위스 산중에서 고독한 생활을 하며 「두이노의 비가(Duino Elegies, 1923)」와 「오르페우스에게 바치는 소네트(Sonnets to Orpheus, 1923)」와 같은 대작을 완성하였다.

1926년 백혈병으로 숨을 거둔 릴케는 조각처럼 그 자체가 하나의 독립된 우주를 형성하는 '사물'과 같은 시를 창작하여 '사물시'라는 새로운 영역을 개척하였으며, 인간과 예술의 본질을 치열하게 탐구한 20세기 시의 거장으로 평가받고 있다.

작품소개

릴케가 남긴 유일한 소설인 「말테의 수기」는 덴마크의 가난한 젊은 시인 말테가 낯선 도시 파리에서 겪게 되는 일상의 고뇌와 내면의 성찰을 일기 형식으로 풀어낸 자전적 요소가 깃든 작품이다.

덴마크 귀족 출신의 시인 말테는 파리에 정착하여 시작에 전념한다. 그 시절 그의 주된 관심사는 죽음의 불안이 도사리고 있는 음울한 장소인 파리의 정경과 그 속에서 살아가는 사람들, 유년 시절에 겪었던 경험에 대한 회상이다. 자신의 과거를 되돌아보며 어머니의 여동생인 아벨로네(Abelone)를 향한 동경을 떠올리고, 할아버지와 부모의 죽음을 회상하면서 이때 터득하게 된 죽음의 의미를 되새긴다. 그는 또한 역사를 통해 사랑을 베풀었던 여인들의 위대함을 강조하며, 그러한 사랑을 거부하고 집을 떠났던 탕아에 자신을 비유하며 수기의 끝을 맺는다.

「말테의 수기」는 일관된 줄거리를 기반으로 시간적 흐름에 따라 서술되는 전통적인 서술 기법에서 벗어나, 파리의 일상, 죽음, 추억, 사랑, 신 등에 대한 주인공 말테의 감상을 산문시 혹은 단문의 집합이라는 형식으로 엮은 독특한 형태의 소설이다. 이처럼 사건이 아닌 상상과 기억의 단편만으로 인간 실존의 문제를 탁월하게 형상화하여 새로운 글쓰기 수법을 시도한 「말테의 수기」는 20세기 모더니즘 소설의 선구가 된 작품으로 높이 평가받고 있다.

등·장·인·물

말테 라우리츠 브리게 Malte Laurids Brigge

파리에서 작품 활동을 하는 28세의 덴마크인 시인. 귀족 가문 출신으로 어린 시절 몸이 약해 자주 병상에 누워 어머니가 들려주는 이야기를 들으며 지낸다. 어머니의 독특한 취향에 따라 여자아이처럼 옷을 입고 곱게 자란 후에 귀족학교에 입학하지만, 남자아이들만 모인 학교에 적응하지 못해 힘든 시기를 보낸다.

마음속으로 사랑하는 여인 아벨로네를 떠올리며 방학이 되어 그녀를 다시 만날 날을 고대하면서 학교 생활을 견디어 낸 그는 성인이 된 이후 파리로 거처를 옮기게 되고, 낯선 도시에서 가난에 찌든 생활을 하며 어린 시절의 추억과 현재 일상에서의 경험을 토대로 죽음과 사랑에 대한 자신만의 사상을 키워간다.

그의 눈에 비친 대도시 파리는 죽음과 불안이 도사리고 있는 두려움의 공간이지만, 이 두려움을 극복하고 홀로 서기 위해 새로운 눈으로, 또 자신만의 방식으로 세상을 보는 법을 배우려고 노력한다. 그 노력의 일환으로 그냥 지나칠 수 있는 일상의 존재 즉, 사람이나 사물 또는 현상들을 유심히 관찰하며 그 속에 숨어있는 의미를 탐구한다.

말테 어머니 Malte's mother

말테에게는 자애로움의 상징. 말테가 병석에 누워 있을 때마다 괴롭히는 미지의 공포로부터 말테를 지켜주는 역할을 하지만 아들인 말테에게 드레스를 입히고, 머리를 땋아주는 등 딸처럼 치장하며 키우는 기이한 행동을 보인다. 말년에는 신경증에 시달려 음료조차 체에 걸러 먹으며, 바늘이 온 세상에 널려 있다는 공포에 사로잡혀 지내다가 세상을 뜬다.

아벨로네 Abelone

말테 어머니의 막내 여동생. 말테의 집에서 집안일을 거들며 함께 생활한다. 언니가 죽은 이후 말테에게 언니의 어린 시절 이야기를 들려주면서 그와 친밀한 관계가 된다. 그러는 사이 말테의 마음속에 연인으로 자리잡게 되고 말테가 귀족학교에서 시련의 시간을 보내는 동안 마음의 안식처가 되어준다.

CONTENTS

VOLUME

I

Chapters 1-12

We arrive, find a life ready-made
and have to only put it on.

When we have to leave or are forced to,

it is easy. No effort is required.

Death is inside us, as fruit has a seed.

Chapter 1

This is where people come to live, but I think it is a city to die in. I have seen many hospitals here. I saw a man who swayed,* then fell to the ground. People gathered around him, so I did not have to see the rest. I saw a pregnant woman walking slowly, leaning against a high wall for support. What was behind the wall? I looked at my map. It was the hospital. Good, they will deliver* her baby. On rue Saint-Jaques I saw a big building with a rounded roof. The map said it was the military hospital.* I did not really need this information, but it cannot do any harm. The streets began to smell of disinfectant,* fried food and fear. All cities smell in summer. I came to a boardinghouse* and read the prices at the entrance. It was not expensive, so I took a room.

And what else? I saw a child in a stroller.* It was fat, greenish, and had a big sore* on its forehead. The child slept. Its mouth was open, breathing in disinfectant, fried food and fear. It was simply breathing. The main thing was being alive. That was the main thing.

I still cannot sleep without the window open. Electric cars* seem to run straight through my room. Automobiles run over me. A door slams. Somewhere a window breaks. I hear its big pieces laugh, and its little pieces giggle. Then suddenly a dull sound comes from within the house. Someone is climbing the stairs. It seems to take forever till they pass by. A girl screams in the street. An electric car races up excitedly, then races away. People are running. They pass each other. A dog barks. What a relief to hear a dog! At dawn a cock crows,* and that sound gives me great comfort. Then I suddenly fall asleep.

There is noise, but the stillness* here is far more terrible. In big fires a moment of extreme tension can rise. The jets of water* fall back. The

---

sway 흔들리다   deliver (의사 등이) 아기를 받다   military hospital 육군 병원
disinfectant 소독약   boardinghouse (식사를 주는) 하숙집   stroller 유모차
sore 종기   electric car 전차   crow (닭이) 울다   stillness 정적   jet of
water 물의 분출

firemen no longer climb their ladders. No one moves. Then a high wall leans forward.[*] Flames shoot up high above. Everyone stands and waits, with their foreheads wrinkled, waiting for the terrific[*] crash.[*] The stillness here is like that.

Chapter 2

I am learning to see. I do not know why, but everything seems to touch me more deeply now than it used to. I have discovered an inner self[*] which I did not know existed. Everything goes deeper now.

I wrote a letter today, and was surprised that I have been here for only three weeks. Three weeks in the country would seem like a day. Here three weeks are like three years. I have decided not to write any more letters. What is the use of[*] telling anyone that I am changing? If I am changing, then I am no longer the person I was. If I am a stranger to them, I cannot possibly write to them.

I said it before. I am learning to see. Yes, I am beginning to see. It is a difficult time for me, but I am doing my best.

For example, I had never noticed before how many faces there are. There are a lot of human beings, but there are many more faces. Each person has several faces. Some people wear the same face for years. Naturally it wears out,* gets dirty, splits at the folds* and stretches* like gloves worn on a long journey. These people are thrifty* and simple. They never change their face, and they never even have it cleaned. They think it is good enough as it is, and who could prove otherwise? But a question rises because they have several faces. What do they do with their other faces? They store them. Their children will wear them. But sometimes their dogs go out with them on. And why not? A face is a face.

Other people put their faces on, one after another,* very quickly and wear them out. At

---

lean forward 앞으로 기울다 terrific 무시무시한 crash 꽝음 inner self 내적 자아 What is the use of...? …한들 무슨 소용이 있는가? wear out 닳다 split at the folds 접힌(주름이 잡힌) 부분에서 갈라지다 stretch 늘어나다 thrifty 검소한 one after another 차례로

first they think they have enough faces to last forever. Then, as they turn forty, they have come to their last. This is quite tragic. They are not used to taking care of faces. Their last face is worn through* in a week. It has holes and is as thin as paper in many places. Then little by little, the under layer, the no-face, comes through, and they walk around with that on.

I saw a woman. This woman was lost deep within* herself, hiding her face in her hands. It was at the corner of the rue Notre-Dame-des-Champs. I began to walk softly as soon as I saw her. When poor people are thinking, they should not be disturbed. Perhaps their idea will come to them.

The street was too empty. Even the street was bored. It took my steps from under my feet and clattered* them loudly. The woman was startled and pulled out of herself too quickly, so that her face remained in her hands. I could see its hollow form lying in them. It took great effort for me to look at a face from inside. I shuddered. But I was much more afraid of the naked, skinned* head without a face.

Chapter 3

It would be very nasty* to fall ill here. This hospital is very old. Even in King Clovis's time people died here. Now they are dying here in 559 beds. It is like a factory. Production is so enormous that a single death is not treated carefully. But that does not matter. It is quantity* that counts,* not quality. Who cares today for a finely finished* death? No one. Even the rich, who could afford* the luxury of dying with all the best details, are beginning to be indifferent. The wish to have a personal death is becoming rarer and rarer. Soon it will be just as rare to have a personal life. One arrives, finds a life ready-made* and has to only put it on. When one has to leave or is forced to, it is easy. No effort is required. One dies the death that belongs to the disease one has. The death belongs to the dis-

---

wear through 닳아서 구멍이 나다 **be lost deep within** …에 몰두해 있다
clatter 덜거덕 소리를 내게 하다 **skinned** 피부(가죽)가 벗겨진 **nasty** 불쾌한
quantity 양(↔ quality) **count** 중요하다 **finely finished** 멋지게 마무리된
afford …할 (경제적인) 여유가 있다 **ready-made** 기성품의

ease, not the sick person.

When I think back to my home, where there is nobody left now, things must have been different in the past. Then I knew that death was inside me, as fruit has a seed. The children had a little death inside them and the grown-ups had a big one. The women had it in their wombs* and the men in their chests. One had it, and that belief gave one dignity and pride.

My grandfather, old Brigge the chamberlain,* carried a death within him. And what a death it was! Two months long and so loud, it could be heard as far away as the manor farm.

The old manor house* was too small for his death. It seemed that new rooms would have to be added. The chamberlain's body grew larger and larger, and he continually wanted to be carried out of one room and into another. One afternoon he fell into a terrible rage* because he had lain in every room and no more were left in the house. Except for one room in which his saintly mother had died. Then the whole troop of menservants, maids and dogs, that he always had around him, had to go upstairs with him into the room. The room had been kept exactly as she left it twenty three years before. No one else had been allowed into it. But now the whole pack* burst in. The curtains were drawn back.* Then the strong light of a summer afternoon inspected all the shy, frightened objects and turned around clumsily in the mirrors. And the people did the same. Curious maids hardly even knew what their hands were touching. Young menservants gaped at* everything. Older servants could hardly believe they were in this locked room at last.

But the dogs seemed to find the room uncommonly exciting. The tall, lean Russian wolfhounds ran busily behind the armchairs with long swinging steps.* They stood up on their back feet like heraldic* animals, and rested their forepaws on the white gold window frame. With their tense faces they looked right and left out into the courtyard. Small dachshunds sat in the large silk chair near the window, looking quite comfortable. And a sullen-looking* red setter

---

womb 자궁   chamberlain 시종   manor house (영지 내) 영주의 저택
fall into a rage 격노하다   pack 일당, 무리   draw... back (쳤던 막 등)을 열
다   gape at …에 (놀라서) 입을 크게 벌리고 바라보다   swinging step 힘찬(당
당한) 걸음걸이   heraldic 문장(紋章)의   sullen-looking 골난 표정의

knocked against a table, causing the cups on a painted tray to tremble.

Yes, for those absentminded[*] and drowsy[*] ornaments[*] and things it was a terrible time. Rose leaves would tumble[*] from books that some clumsy hand had opened, and be trampled underfoot.[*] Small fragile[*] objects were seized and immediately broken, and quickly put back again. From time to time something fell heavily on the hard wooden floor and smashed or cracked.

He lay on the floor, large in his dark blue uniform,
and did not move.

If anyone had asked what caused all this destruction in this closely guarded* room, there could be only one answer, death. The death of Chamberlain Cristoph Detlev Brigge at Ulsgaard.

He lay in the middle of the floor, large in his dark blue uniform, and did not move. The eyes in his big stranger's face had fallen shut. He did not see what was happening. The servants had tried to lay him on the bed, but he refused. Since his illness had begun to grow, he hated beds. Besides, the bed in the room was too small. So he had to lie on the carpet, for he also refused to go downstairs.

So now he lay there, and it looked like he might have died. As it slowly grew dark, the dogs squeezed out* one by one through the crack in the door.* Only the red setter with the sullen face sat beside his master. One of his broad forepaws* lay on Christoph Detlev's big, gray hand. Most of the servants were now standing

---

absentminded 멍하니 있는 drowsy 졸린 ornament 장식품 tumble 굴러 떨어지다 trampled underfoot 발밑에 짓밟힌 fragile 깨지기 쉬운 closely guarded 물샐틈없이 보호되는 (감시받는) squeeze out 비집고 나가다 crack in the door 문 틈 forepaw (개의) 앞발

outside in the corridor* which was brighter than the room. Those who remained in the room glanced at the great darkening heap* in the middle. They wished that it were nothing more than* a blanket over some large rotting thing.

But there was something more. There was the voice that no one had known seven weeks before. It was not the voice of Christoph Detlev, but the voice of Christoph Detlev's death.

Christoph Detlev's death had been living at Ulsgaard for many, many days now and had demanded to everyone. Demanded to be carried to the blue room, to the little salon and to the large hall. Demanded the dogs, demanded that people should laugh, talk and be quiet, and all at the same time. Demanded to see friends, women and people who were dead, and demanded to die himself. Demanded and shouted.

When night fell, the exhausted servants who were not on watch* tried to go to sleep. But Christoph Detlev's death would shout, groan and roar so long and constantly. The dogs who first howled* along with him became silent and did not dare lie down. They stood on their long, slender and trembling legs and were afraid. He was heard in the village through the silvery Danish summer night. And people rose from bed, put on clothes and sat around a lamp until it was over. Pregnant women near their time[*] were laid in the most remote and quiet rooms. But they heard it and begged to be allowed to join the others around the lamp. The cows that were calving[*] at that time became helpless.[*] And the dead fruit had to be torn out of one of them. Everyone did their daily work badly and forgot to bring in the hay. It was because they spent the day dreading the night and because they were so exhausted.

When they went to the peaceful church on Sundays, they prayed that there would no longer be a master at Ulsgaard. This was a dreadful master. And the pastor[*] thought the same thing. He also could not sleep any more and could not understand God. There was even one young man who had dreamed that he went to the manor house and killed the master with his pitchfork.[*]

---

corridor 복도 heap 무더기, 더미 nothing more than …에 지나지 않다
be on watch 당직이다 howl (개가) 울부짖다 near one's time 해산 날이
가까운 calve (소가) 새끼를 낳다 helpless 속수무책인 pastor 목사 pitch-
fork 쇠스랑

Everyone was so irritated that they all listened as he told his dream and wished that he had actually done the deed. Only a few weeks before, the chamberlain had been loved and pitied throughout the whole district. But though they talked about his death, nothing changed. Christoph Detlev's death, which lived at Ulsgaard, was not to be hurried. It had come to stay for ten weeks, and for ten weeks it stayed. During that time it was more of a master than Christoph Detlev had ever been. It was like a king who is ever after* called the Terrible.

That was not the death of just one sick person. It was the wicked, princely* death which the chamberlain had carried within him and nourished for his whole life. All the pride, willpower, joy and vigor* that he himself had not been able to consume* before his illness had passed into* his death.

Chapter 4

I have taken action against[*] fear. I have sat up all night writing, and now I am as pleasantly tired as I was after a walk over the fields of Ulsgaard. It is still hard for me to think that all has changed. Strangers now live in the old manor house. Maybe maids are sleeping now in the white room up in the gable.[*]

I have nothing and nobody. I travel around the world with a trunk and a case of books[*] and without any real curiosity. What sort of[*] life is this really, without a house, and without inherited things? If only I had memories. But someone else has them. My childhood seems buried. Perhaps one must be old to reach all that. I think it must be good to be old.

Today we had a lovely autumn morning. I

---

ever after 그 후 계속 princely 고귀한, 위엄이 있는 vigor 활력 consume 소모하다 pass into …로 넘어가다 take action against …에 대항해 조치를 취하다(행동에 옮기다) gable 박공 a case of books 책 한 상자
What sort of...? 도대체 어떻게 된 …인가?

walked through the park. Everything that lay in the east before the sun was dazzling.* Gray mist* still hung in places. In the street below there is the following composition.* A small wheelbarrow* pushed by a woman. On the front of the wheelbarrow is a hand organ. Behind that is a baby basket in which a very small child is standing on firm legs. It is happy and refuses to sit down. From time to time the woman turns the handle of the organ. At that the small child stamps in its basket.

I think I should do some work, now that I am learning to see. I am twenty eight years old, and almost nothing has been done. I have written a study on* the painter, Carpaccio, which is bad. Also I have written a drama entitled "Marriage" which vaguely sets out to* demonstrate something false and some verses.* Ah! But verses amount to so little* when one writes them young. One ought to wait and gather sense and sweetness a whole life long and a long life if possible. And then, quite at the end, one might be able to write ten verses that are good. Verses are not, as people imagine, simply feelings. They are experiences. For the sake of a single verse, one must see many cities, men and things. Then one must understand animals and the little flowers opening in the morning. One must be able to think back to streets in distant places, to unexpected meetings and to partings one had long seen coming. Think back to days of childhood that are still unexplained. Think back to parents whom one had hurt when they brought one some joy and one did not grasp it. Think back to days in quiet and withdrawn* rooms. Think back to mornings by the sea, to the sea itself and to nights of travel that rushed along and flew with all the stars. And it is not yet enough if one may think of all this. One must have memories of many nights of love, and each one was different from all the others. Have memories of the screams of women in labor* and of white sleeping women who have just given birth and are closing again. But one must also have sat beside the dead in the room with the open window and

---

dazzling 눈부신   mist 아지랑이   composition 구성   wheelbarrow 외바퀴 손수레   study on ⋯에 대한 연구 논문   set out to ⋯하기 시작하다   verse 시   amount to so little 가치가 별로 없다   withdrawn 한적한, 인가에서 떨어진   in labor 산고를 겪는, 분만 중인

the distant noises.

And still it is not enough to have memories. One must be able to forget them when they are many and one must have great patience to wait until they come again. For the memories themselves are not important. Only when they have turned to blood, glance and gesture within us, and they are no longer different from ourselves, only then the first word of a verse can rise in them. But all my verses came from a different place, so they are not verses.

It is ridiculous. I sit here in my room and am nothing. But this nothing begins to think, five stories up on a gray Parisian afternoon.

Is it possible that I have not seen, known and said anything real or important? Is it possible that I have had so much time to observe,[*] reflect[*] and write, and I have let all this time slip?[*]

Yes, it is possible.

Is it possible that despite discoveries and progress, despite culture, religion and wisdom, I have remained on the surface[*] of life?

Yes, it is possible.

Is it possible that the whole history of the

world has been misunderstood?

Yes, it is possible.

Is it possible that people know with perfect accuracy[*] a past that never existed? Is it possible that reality is nothing to them? Is it possible that their lives are running down,[*] unconnected with[*] anything like a clock in an empty room?

Yes, it is possible.

Is it possible to have a God without using him?

Yes, it is possible.

But if all this is possible, then surely, something must be done. Someone must begin to do something even if he is just anybody, not necessarily the most suitable[*] person. If there is no one else, this young insignificant[*] Danish, Brigge, will have to sit down in his room and write day and night. Yes, he will have to write.

---

observe 관찰하다 reflect 곰곰이 생각하다 slip (모르는 사이에) 시간이 지나다 (경과하다) on the surface 표면에 perfect accuracy 완벽한 정확성 run down 흘러 내려가다 unconnected with …와 분리된 suitable 적임의 insignificant 보잘것없는

Chapter 5

National Library

I sit here reading a poet. There are a lot of people in the reading room, but I am not aware of them. They are into* the books. Sometimes they move the pages like sleepers* who turn over between two dreams. Ah, how good it is to be among reading people. Why can't they always be like this? You can go up to one of them and touch him lightly. He feels nothing. If you accidentally bump against* a neighbor and excuse yourself, he nods and his face turns toward you but he does not see you. How comforting that is. And I sit with a poet. How fortunate. There are perhaps three hundred people in the room now reading. It is impossible that every single one of them has a poet because there are not three hundred poets. But look at how fortunate I am. I am probably the poorest of all these readers and a foreigner, and yet I have a poet.

The suit I wear every day is beginning to wear

thin* in places, and my shoes are a little dirty. True, my collar is clean and so is my shirt. In these clothes I could go into any fancy* pastry shop* on the grand boulevard, calmly* put out my hand and pick out some cakes. No one would find that surprising. They would not shout at me, nor show me out. It is a respectable hand, and this hand is washed four or five times a day. There is nothing under the nails. There are no ink stains.* And the wrists are particularly flawless.* Poor people do not wash so far up. That is a known fact. One may draw certain conclusions by the cleanliness of my wrists. And people do. But one or people on the Boulevard Saint-Michael and in the rue Racine are not deceived by* my wrists. They do not care one bit about them. They look at me and they know. They know that I am really poor like them and only playing a little comedy. They grin a little and wink with their eyes. How do they recognize me? It is true that my beard looks a little untidy,*

---

be into ···에 열중해(빠져) 있다 sleeper 잠든 사람 bump against ···에 부딪히다 wear thin 닳아서(낡아서) 얇아지다 fancy (레스토랑·호텔 등이) 고급인 pastry shop 제과점 calmly 태연하게 stain 얼룩 flawless 흠이 없는 be deceived by ···에 속아 넘어가다 untidy 단정치 못한

and very, very slightly resembles their sickly, old and faded[*] beards. But don't I have the right to neglect my beard? Many busy men do that, and no one thinks they are outcasts.[*]

I might have become a poet if I had been allowed to live in the closed-up country houses which no one cares about. I would have needed only one sunny room in the gable. I would have lived there with my old things, my family portraits and my books. I would have had an armchair and flowers and dogs, and a walking stick for the stony roads. And nothing more. Only a book bound in ivory-colored leather[*] with an old flowery design on its flyleaf.[*] In that book I would write a great deal for I would have had many thoughts and memories of many people.

But things have turned out[*] differently. My old furniture is rotting in a barn[*] where I am storing it. I myself have no roof over me, and the rain is driving into[*] my eyes.

Chapter 6

Occasionally I pass by little shops in the rue de Seine. There are many dealers in antiques or small secondhand booksellers or vendors* of engravings* with overcrowded windows.* No one ever enters their shops, and they seem to do no business. But if one looks in, they are sitting there, sitting and reading, without a care. They do not think about tomorrow, are not anxious about succeeding. They have a good-natured dog that sits beside them or a cat that makes the silence still greater by gliding along the rows of books.

Ah, if only that were enough. Sometimes I would like to buy such a crowded shopwindow for myself and to sit down behind it with a dog for twenty years.

---

faded 색이 바랜 outcast 부랑자 bound in leather 가죽으로 장정된 fly-leaf 먼지(책의 권두·권말에 들어가는 백지) turn out 나타나다 barn 헛간 drive into …로 (비가) 세차게. 내리다 vendor 노점 상인 engraving 판화 overcrowded window 물건이 가득 들어찬 진열창

It is good to say it out loud, "Nothing has happened." Once more, "Nothing has happened." Does that help?

My stove has begun to smoke again, but it is not a serious problem. It does not matter that I feel weary and cold. It is my own fault that I have been walking around the streets all day. I could have sat in the Louvre. But I could not do that. A certain kind of people go there to warm themselves. They sit on the velvet benches and put their feet near the heaters. They are poor men who are very grateful that the guards let them stay. When I enter, they nod slightly. Then, when I go back and forth between the pictures, they watch me. So I am glad that I did not go into the Louvre. I walked through the streets without stopping. Heaven knows* how many towns, cemeteries* and bridges I passed. Somewhere I saw a man pushing a vegetable cart. He was shouting, "Cauliflower, cauliflower." Behind him walked a skinny, ugly woman who nudged* him from time to time. When she nudged him, he shouted. Have I said that the man was blind? No? Well, he was blind. What was the essential* thing? The cart or the shouting? The most important thing is what it all meant for me. I saw an old man who was blind and shouted. I saw that. I saw.

I saw houses that were no longer there. To be precise, they were houses that had been demolished.* What was there were the tall neighboring houses. Now it seemed they were in danger of falling down because they had nothing to lean on. But these outer walls were not really bare. They were the old inner walls of the houses that had gone. I saw wallpaper, the remains of a floor or ceiling and the rust* stains of a water pipe that once leaked. The stubborn life of these rooms had not yet been stamped out.* It was still there. It clung to the nails that had been left. It stood on the remaining handbreadth of flooring.* It crouched* under the corner joints* where a small part of the interior remained. I could see that it was in the paint which year by year had slowly faded. Blue into moldy* green, green into gray, and yellow into old, rotting white. But it was

---

Heaven knows 신만이 안다, 아무도 모른다 **cemetery** 묘지 **nudge** 팔꿈치로 쿡쿡 찌르다 **essential** 가장 중요한 **demolish** 건물을 파괴하다 **rust** 녹 **stamp out** 근절하다, 박멸하다 **handbreadth of flooring** 손의 폭(손바닥 크기)만큼의 바닥재 **crouch** 웅크리다 **joint** 이음새 **moldy** 곰팡이가 슨

also in the spots that had kept fresher behind mirrors, pictures and wardrobes.* And from these walls which had once been blue, green and yellow came the breath of the lives that had been lived there. It was the damp, musty* breath which no wind could scatter.* There stood the sicknesses and the exhaled breath* and the smoke of years and the sweat from armpits* and odor of hot feet. There stood the smell of urine* and the odor of soot* and gray odor* of potatoes and the stink of old grease. The sweet smell of lonely infants was there and the frightened smell of schoolchildren. To these was added much more from the street below and more from above. The weak, tame* winds that always stay in the same street brought something. And much more was there from unknown sources.

Did I say that all the walls had been demolished except for the last? This is the wall I have been speaking of all along. You might think that I spent a long time standing before it, but I began to run as soon as I recognized that wall. It is a terrible thing that I did recognize it. I recognize everything here, and that is why it goes right into me. It is at home* in me.

I saw houses that were no longer there.
To be precise, they had been demolished.

---

wardrobe 옷장   musty 곰팡내 나는   scatter 흩어버리다   exhaled
breath 내뿜은 숨   armpit 겨드랑이   urine 오줌   soot 그을음   odor 악취(=
stink)   tame 길들여진   at home 마음 편하게, 편히

I was worn out after all this and maybe even exhausted. The streets were full of people for it was carnival time and evening. Everyone roamed about* rubbing against each other. And their faces were full of the light that came from street stalls.* Laughter bubbled* from their mouths like pus* from an open wound. When I grew impatient and tried to push my way through them, they laughed more and crowded even closer around me. Somehow a woman's shawl hooked onto me. I dragged her after me, and people stopped and laughed. I felt I should laugh too, but I could not. Someone threw some confetti* and it burned* my eyes like a whip. At the street crossings people were packed tightly* together, shoved hard against* one another. I ran like a madman along the edge of the pavement where there were gaps in the crowd. I was heavy with sweat, and a terrible pain ran through me as if something too large were driving along in my blood. I felt that all the air had been used up, and I was only breathing stale* exhalations.

But it is over now. I have survived it. I am sitting in my room by the lamp. It is a little cold. But I am afraid to try and light the stove for it might smoke and force me outside again. I am sitting and thinking. If I were not poor, I would rent another room with furniture less worn out, not so full of former occupants as the furniture here. At first it took me a lot of effort to lean my head on this armchair. There is a certain greasy, gray hollow in its green covering, into which all heads seem to fit.* For some time I used to put a handkerchief under my hair, but now I am too tired to do that. I discovered that it is all right the way it is, and the slight hollow seems to be made exactly for the back of my head. If I were not poor, I would buy a good stove first of all. Then I would burn the clean, strong wood that comes from the mountains. The miserable wood here smokes and makes breathing difficult and confuses my head. I would even pay someone to come and tidy up* without making any loud noises, and keep the fire the way I need it. Often when I have to kneel before the fire and poke* for a quarter of an hour, my eyes are tearing and my forehead is

---

roam about 배회하다　stall 노점　bubble 보글보글 솟다　pus 고름　confetti 색종이 조각　burn 화끈거리게 하다　be packed tightly (사람들로) 꽉 차있다　shove against …을 밀어붙이다　stale (공기가) 후텁지근한　fit into …에 꼭 들어맞다　tidy up (방을) 치우다　poke (파묻힌 불을) 쑤셔 돋우다

scorched by the close flame. Then I use up all the strength I have for the day. I would like to take a carriage and drive past the crushing crowds. I would eat every day in a good restaurant, and no longer creep into lunch counters.*

I am now sitting in my room. I can reflect quietly on what happened. It is good to remember all the details and nothing is uncertain. So, I went into the lunch counter, and at first only noticed that my usual table was occupied. I bowed in the direction of the counter, ordered, then sat down at the next table. But then I felt his presence, although he did not move. There was a connection between us, and I knew that he was stiff with terror. Perhaps one of his blood vessels* had burst. Perhaps, just at that moment, some dreadful poison was flowing into his heart. Perhaps a great lump* had risen in his brain like a sun that was changing the world for him. With an indescribable effort I made myself look at him. I still hoped I was imagining this.

But then I sprang up and rushed out for I had made no mistake. He sat there in a thick, black winter coat. His gray, strained* face had fallen into his scarf. His mouth was closed as if it had fallen shut with great force, but it was not possible to say whether his eyes still saw. Misty gray spectacles* covered them, trembling slightly. The long hair over his wasted* temples* drooped* as if in intense heat. His ears were long and yellow with large shadows behind them. Yes, he knew that he was withdrawing from* everything, not only from human beings. A moment more and everything would lose its meaning. That table and the cup, and the chair to which he clings, all the near and the commonplace* will become unintelligible,* strange and heavy. So he sat there and waited until it happened. And defended himself no longer.

I still defend myself from death. I defend myself although I know my heart is already failing and I cannot live much longer. I say to myself, "Nothing has happened." But I was only able to understand that man because something within me is also changing. And the change is beginning to draw me away and separate me

---

lunch counter 간이 식당 blood vessel 혈관 lump 혹 strained 긴장한
spectacles 안경 wasted 피폐한 temple 관자놀이 drooped 늘어진
withdraw from …에서 물러나다 commonplace 평범한 일 unintelligible 이해할 수 없는

from everything. It has always horrified me to hear that dying people can no longer recognize anybody. I always imagine a lonely face raising itself from the pillows looking for some familiar thing, but nothing is there. I am afraid of this change. I have hardly got used to this world which seems good to me. What would I do in another world? I would rather stay among the things that have become dear to me. But if anything has to change, I would at least like to be allowed to live among dogs whose world is similar to ours.

For a while longer I will be able to write things down and express myself. But a day will come when my hand will be far from me. When I ask it to write, it will write words I do not mean. The time of a new interpretation* will come when all meaning will dissolve* like clouds and fall down like rain. I am afraid but I feel that I am standing before something great. Ah, I just need a little more and I feel I could understand all this and approve of* it. I need to take only a step, then my deep misery would become ecstasy. But I cannot take that step. I have fallen and I cannot pick myself up* again because I am broken.

Chapter 7

The doctor did not understand me. It was certainly difficult to describe my problem. I was given a piece of paper. I had to be at the hospital at one o'clock, and I was there on time. I had to pass a long row of buildings and cross many courtyards. Finally, I entered a long, narrow room that had four windows of dim,[*] greenish glass. Below the windows was a long wooden bench where people sat and waited. When my eyes adjusted to the twilight[*] of the room, I noticed that among the endless row sitting shoulder to shoulder there were artisans,[*] cleaning women and truck drivers. I looked at the clock. It was five minutes to one. In five or ten minutes my turn would come, so it was not so bad. The air was foul[*] and heavy, smelling of dirty clothes

---

interpretation 해석 dissolve 흩어지다 approve of …에 찬성하다 pick oneself up 넘어졌다가 일어서다 dim 어두컴컴한 twilight 어슴푸레함 artisan 숙련공 foul 몹시 불쾌한

and bad breath. The strong, cool smell of ether came through a crack in the door. I began to walk up and down the room. I had been sent to the general waiting room crowded with these people. It was my first public confirmation that I was an outcast. Had the doctor known by my appearance? But I had visited him in my best suit and sent him my card.[*] Somehow he had learned it. I must have betrayed myself. However, now that it was a fact that I belonged to the outcasts, it was not so bad.

The people sat quietly and took no notice of me. Some were in pain. Some men had laid their heads in the palms of their hands. Others were sleeping deeply, and their faces were crushed with exhaustion. A stout man with a red, swollen neck sat bending forward staring at the floor. From time to time he spat.[*] A child was sobbing in the corner. It had held its long thin legs tightly against its body as if it must soon say good bye to them. A small, pale woman who wore a round hat adorned with[*] small black flowers smiled painfully as her sore[*] eyes constantly overflowed.[*] Next to her was a girl with a round, smooth face and large expressionless eyes. Her

mouth hung open. I could see her white, gluey*
gums* with their decayed teeth.* And I saw
many bandages. Bandages that hid, and ban-
dages that revealed what was beneath them, and
bandages that were coming undone.* And a ban-
daged leg that stuck out from the row on the
bench as big as a man. Bandages that covered a
whole head, layer upon layer, until only a single
eye remained that no longer belonged to anyone.
I walked up and down and tried to be calm. I
spent a lot of time looking at the wall which did
not reach all the way to the ceiling. This wall
contained several doors, so this corridor was not
completely separated from the rooms. I looked at
the clock. I had been pacing up and down for an
hour.

A while later the doctors arrived. First a couple
of young fellows who passed with indifferent
faces, and finally the one I had seen. He wore
light-colored* gloves and a very smart* overcoat.
When he saw me, he lifted his hat a little and

---

card 명함 spit 침 뱉다 adorned with …로 장식된 sore 염증이 생긴
overflow 넘쳐 흐르다 gluey 끈적끈적한 gums 잇몸 decayed tooth 충
치 come undone (붕대·끈 등이) 풀리다 light-colored 연한 색의 smart
(옷차림이) 세련된

smiled absentmindedly. I now hoped to be called immediately, but another hour passed. I cannot remember how I spent it. It passed. An old man, an attendant,[*] wearing a dirty apron came and touched me on the shoulder. I entered one of the rooms. The doctor and the young fellows sat around a table and looked at me. Someone gave me a chair. So far so good.[*] Now I had to describe what was wrong with me as briefly as possible for these gentlemen had little time. I felt very odd. The young fellows sat and looked at me with that superior, professional curiosity they had learned. The doctor I knew stroked[*] his pointed black beard and smiled absentmindedly. I thought I might burst into tears, but I heard myself saying in French, "I have already had the honor, monsieur, of[*] giving you all the details I can give. If you think that these gentlemen should also know them, you will be able to tell them yourself in a few words. It is something I find very difficult." The doctor rose smiling politely. He went toward the window with his assistants and said a few words, sweeping his hands back and forth as he spoke. Three minutes later one of the men, shortsighted,[*] came back to the table and said, "Do you sleep well, sir?" I said, "No, badly." Then he went back to the group at the window where they talked a while longer. Then the doctor turned to me and informed me that I would be called again later. I reminded him that my appointment had been for one o'clock. He smiled and made a few swift movements with his small white hands, which meant he was extremely busy.

So I returned to the hallway where the air had become much more oppressive.[*] I began to pace back and forth though I felt very tired. Finally the moist, growing smell made me dizzy.[*] I stopped at the entrance door and opened it a little. I saw that outside it was still afternoon with some sun, and that cheered me up a lot. But I had been standing there for only a minute when I heard someone calling me. A woman sitting at a table nearby said, "Who told you to open the door?" I said, "I can't stand the stuffy[*] atmosphere." "Well, that was unfortunate," she said,

---

attendant 간호인 So far so good. 지금까지는 좋다. stroke 쓰다듬다
have the honor of ···하는 영광을 갖다 shortsighted 근시의 oppres-
sive 숨막힐 듯한 dizzy 현기증이 나는 stuffy 답답한, 후텁지근한

"but the door has to be kept shut." "Is it possible to open a window?" I asked her. "No, that is forbidden," she said. So I decided to resume* my walking back and forth. But now this also displeased the woman sitting at the table. She asked me if I had a seat. I said I did not. She said that walking about was not allowed, I would have to find a seat. There would be one for me. The woman was right. A place was quickly found beside the girl with expressionless eyes and decaying gums. I sat next to her with the feeling that something dreadful was about to happen. On the other side of me was a huge immovable mass. The side of the face I saw was empty without features and without memories. The clothes were horrifying like the clothes a corpse* laid out in a coffin* might be wearing. The hair looked like it had been combed by undertakers.* It was stiffly arranged like the hair of stuffed animals.* I observed all these things closely. Then it occurred to me that this must be the place that had been destined for* me. I had at last arrived at that point of my life where I would remain.

Suddenly I heard the frightened cries of a child,

quickly followed by its low, hushed* weeping. While I was trying to discover where this came from, there came another small cry. I heard questioning voices. Then some sort of machine started up and began humming* indifferently. I recalled the low wall and it was clear that the noise came from the other side of the doors. Work was going on in there. The attendant with the dirty apron returned and made a sign. Was it intended for me? No. Two men appeared with a wheelchair. They lifted the mass beside me into it. I saw that it was an old paralytic* who had another smaller side to him, worn out by life. They wheeled him inside and now there was lots of room beside me. I sat and wondered what they would do to the idiot* girl and whether she would scream. The machines kept up* a comforting mechanical whirring.*

But suddenly everything was still. For the first time in many, many years, an old terror returned to me. It had first struck me as a child when I lay

---

resume 다시 시작하다 corpse 시체 coffin 관 undertaker 장의사
stuffed animal 박제된 동물 be destined for …에게 운명지어지다
hushed 잠잠한 hum (기계가) 윙윙거리다 paralytic 중풍 환자 idiot 백치
keep up …을 계속하다 whirring (기계가) 윙윙거리는 소리

in bed ill with fever. The Big Thing. Yes, that is what I always called it. Everyone stood around my bed and took my pulse[*] and asked me what had frightened me. When they got the doctor and he came and spoke to me, I begged him to make the Big Thing go away, and nothing else mattered. But he was like the rest. He could not take it away. Later it had gone away, and it did not come back even on nights when I had a fever. But now it was there although I had no fever. Now it grew out of me like a tumor,[*] like a second head. It was part of me although it could not belong to me at all because it was so big. It was there like a huge, dead beast that had once been my hand or my arm when it was alive. My blood flowed both through me and through it as if through one and the same body. And my heart had to make a great effort to drive the blood into the Big Thing for there was hardly enough blood. And the blood entered the Big Thing unwillingly[*] and came back sick. But the Big Thing swelled and grew over my face and grew over my mouth. Already the shadow of its edge lay upon my remaining eye.

I cannot remember how I found my way out

through the numerous courtyards. It was evening and I lost my way in this strange neighborhood until I reached a square.* I came to more streets I had never seen before and then more. Electric cars, too brilliantly lit, raced up and past and their harsh bells were clanging* into the distance.* On their signboards* were names I did not know. I did not know in what city I was or whether I had a room somewhere or what I had to do to stop walking.

Chapter 8

I am lying in bed with a fever. I am five stories up and nothing interrupts my day. My childhood fears are like a thing that has been long lost* and is found again. They are safe and well, and almost fresher than at the time of loss. All my forgotten fears are here again.

---

take one's pulse ···의 맥을 짚다 tumor 종양 unwillingly 마지못해
square 광장 clang 땡그랑하고 울리다 into the distance 저 멀리까지
signboard 표지판 be long lost 오랫동안 잃어버리다 (잊혀지다)

The fear that a small thread that sticks out of[*] my blanket may be hard and sharp like a steel needle. The fear that this little button on my nightshirt[*] may be bigger than my head. The fear that this crumb[*] of bread now falling from my bed may turn to glass and shatter on the floor, and that everything will break forever. The fear that if I fell asleep, I might swallow the piece of coal[*] lying in front of the fire. The fear that some number may begin to grow in my brain until there is no room for it inside me. The fear that I may betray myself and tell them everything I dread. The fear that I may not be able to say anything because everything is unsayable. And other fears... More fears.

My childhood has come back. I feel that it is just as difficult as it was before, and it has been useless to grow older.

Yesterday my fever got better, and today is the beginning of spring like in pictures. I will try to go out to the National Library, to my poet whom I have not read for so long. Perhaps later I can walk slowly through the gardens. Perhaps there will be wind over the big pond, and children will come to launch their boats with the red sails and watch them.

Today something happened that I did not really expect. I went out so innocently as though it were the simplest and most natural thing in the world. And yet something happened which took me like paper and threw me away.

The vast Boulevard Saint-Michael lay deserted.* It was easy to walk along. Windows opened overhead with a glassy ring,* and the flash* of them flew across the street like a white bird. A carriage with bright red wheels rolled past. Horses in gleaming harnesses* trotted by.* The wind was lively, fresh and mild. Everything, like odors, cries and bells, rose upward.

I passed in front of one of those cafés where false* gypsies in red jackets usually play in the evening. Stale air crept out of* the open windows as if it had a bad conscience. Sleek-haired* waiters were busy sweeping in front of the door. One of them was bending over, throwing handful

---

stick out of ···에서 튀어나오다 nightshirt (남자용의) 잠옷 crumb 빵 부스러기 coal 석탄 deserted 인적이 없는 ring 쨍하는 소리 flash 번쩍이는 빛 harness (말의) 마구 trot by (말이) 속보로 달려 지나가다 false 가짜의 creep out of 살금살금 ···을 빠져나가다 sleek-haired 머릿결이 윤기 있는

after handful of yellow sand under the tables. A passerby nudged him and pointed down the street. The waiter who was red in the face looked sharply in that direction. Then a laugh spread over his beardless cheeks as though it had been spilled across them. He beckoned to the other waiters and they all came and stood gazing down the street and smiling.

I felt a little fear beginning in me. Something urged me to cross to the other side of the street. I began to walk faster and glanced at the few people in front of me, and I noticed nothing unusual about them. There was no one walking ahead of me except for a tall, thin man in a dark overcoat and with a black hat on his short blond hair. I checked to see if there was something funny about this man's clothing or behavior. I was already trying to look beyond him down the boulevard when he stumbled over* something. As I was following close behind him, I could see there was nothing for him to trip on,* absolutely nothing. But the man appeared to believe that an obstacle lay there. Once again something warned me to take the other side of the street, but I continued to follow this man. I noticed that something else had begun to annoy him. The collar of his overcoat had stood up, and he could not put it down again. He tried energetically with one hand, then both at once. It did not bother me. But then I was astonished, because I saw that his busy hands were making two movements. One was secretly flipping the collar up,* the other slowly and elaborately* smoothing it down.* At that moment I understood that an impulse* was wandering around his body trying to break out here and there. I understood that he was afraid of people. I considered pretending to stumble the next time he made a strange hop. Then it would appear that some small obstacle really did lie on the footpath.

He was now gripping his walking stick very tightly with both hands, which seemed to help. He only hopped twice at the next street crossing, but they did not amount to anything.* Yes, things were going well, but my anxiety kept growing. I knew that as he walked and made ceaseless*

---

stumble over …에 걸려 넘어질 듯 비틀거리다 trip on …에 (발이) 걸려 넘어지다 flip... up …을 홱 세우다 elaborately 정성스레 smooth... down …을 평평하게 펴다 impulse 충동 not amount to anything 전혀 문제가 되지 않다 ceaseless 끊임없는

efforts to appear normal, the awful jerking* was building up* in his body. And the anxiety grew inside me as I saw him cling to his stick when the jerking inside him began. His hands squeezed so tightly on the stick that I hoped he could control it by his will, which was obviously strong. But what could a will do here? The moment must come when the man's strength would be exhausted. It could not be long now.

At the Place Saint-Michael there were many vehicles and people hurrying past. We were held up* several times. Then he would take a breath and relax a bit, and there would be little hops and nodding. His hands remained on his stick looking annoyed. We continued on to the foot-bridge* and all was well. But now his walking became uncertain. Sometimes he ran two steps, and sometimes he stood still. He stood still. His left hand gently let go of* the stick and rose. It rose so slowly that I saw it trembling in the air. He pushed his hat back a little. He turned his head and he gazed over the sky and houses with-out grasping anything. And then he gave up. He stretched out his arms as if he were trying to fly. A force broke out inside him and bent him forward and dragged him back, flinging him around[*] in a kind of dance among the crowd. Many people gathered around him. I saw no more.

What sense would there be in going anywhere now? I was empty. Like a blank piece of paper I drifted past the houses, up the boulevard again.

Chapter 9

People would like to forget the torments and horrors that have happened at places of execution, in torture chambers,[*] madhouses[*] and operating rooms.[*] People would like to be allowed to forget most of this. Sleep gently files down[*] such patterns in their brains, but dreams drive sleep away and trace[*] the designs again. Then they wake up gasping, and let the gleam[*] of a candle, melting into the darkness, bring

---

jerking 경련 build up 쌓이다 hold... up 정지시키다. 멈춰 세우다 foot-bridge 육교 let go of 손에 쥐고 있던 것을 놓다 fling... around …을 흔들다 torture chamber 고문실 madhouse 정신병원 operating room 수술실 file down 줄질하여 없애다 trace …에 무늬를 그려넣다 gleam 희미한 빛

them comfort. What a small comfort! The night-
mare can soon return out of the known and the
friendly. Beware of* the faint light that makes
space more hollow. Do not look behind you, as
you sit up, to see if a shadow has risen as your
master. Perhaps it is better to remain in darkness,
and your heavy heart can remain part of every-
thing that is unseen. There is scarcely any room*
inside you. It almost calms you to think that
nothing very large can exist in such a narrow
body. But outside there is no limit to* the terror.
And when it rises out there, it fills up inside you
as well.

Oh, those dark childhood nights with secret
objects. Oh, the strange window leading out-
ward. Oh, the carefully closed doors. I have
learned to manage these things, but still do not
quite understand them. Oh, stillness in the stair-
case, and stillness high up against the ceiling.
Oh, mother, you were the only one who could
shut out* all this stillness long ago in childhood.
You did it. You said, "Don't be afraid, it's me."
You struck a light* and the noise became you.
And you held the light and said, "It's me. Don't
be afraid." And you put the candle down slowly,

and there was no doubt.* You were the light that made the objects familiar, simple and unambiguous. And when there was a strange sound somewhere in the wall or a step on the floor, you only smiled. You smiled in the light at my fear-filled face, which looked searchingly at you, as if you understood and agreed with every faint sound. Oh, Mother, does any power equal your power among the rulers of the earth? You came and held the monstrous thing behind you. You were in front of it, completely, not like a curtain that can be lifted here and there. No, you came before it, and overtook* it when my call needed you. You came far ahead of* anything that might happen. Behind you was only your journey to me, your eternal* path and the flight of your love.

---

beware of …을 조심하다, 경계하다 room 공간 be no limit to …에는 한계
가 없다 shut out 들이지 않다, 내쫓다 strike a light (성냥을 그어) 불을 붙이다
there is no doubt 의심의 여지가 없다 overtake …을 (갑자기) 덮치다
come far ahead of …보다 훨씬 앞서 오다 eternal 영원한

Chapter 10

Then, for the first time, I realized that nothing can be said about a woman. I noticed when they spoke of her how much they left blank.* They named and described other people, surroundings and places, and they gently stopped near her. "What was she like?" I would ask. "Blonde, a bit like you," they would say. And I could not picture* her. I was only able to see her when my mother told the story which I asked for again and again.

Every time she came to the scene with the dog, she used to close her eyes and try to cover her face. "I saw it, Malte," she promised to me, "I saw it." It was during her last years I heard her tell this. At the time she did not want to see anyone. And she always carried with her the fine, silver sieve* through which she filtered everything she drank. She no longer ate solid food except for biscuits or bread when she was alone. Then she would break them into bits* and eat them crumb by crumb as children eat crumbs.

Her fear of needles dominated[*] her life by this time. To other people she simply said, "I can't digest[*] anything any more, but don't worry, I feel very well." But she would suddenly turn to me and say, with a painful smile, "What a lot of needles there are, Malte. They lie about everywhere." She tried to say this playfully.[*] Yet terror filled her at the thought of all the loose[*] needles that might fall anywhere, at any moment.

But when she talked about Ingeborg, nothing bad could happen to her. She spoke louder, she laughed at the memory of Ingeborg's laugh, and I could see how lovely Ingeborg had been.

"She made us all happy," she said, "your father too. Then we were told she was going to die. But we all hid the truth from her. Then she sat up in bed one day, and said, 'You mustn't make such a great effort. We all know it, and I can put your minds at rest. I don't want any more.' Just imagine. She said, 'I don't want any more.' She, the

---

blank 공허한, 공백의 picture 마음에 그리다 sieve 체 break... into bits
…을 조각조각 부수다 dominate (걱정 등이) 마음을 꽉 채우다 digest (음식을)
소화하다 playfully 농담으로 loose 흩어진

one who made us all happy. Maybe you will understand that one day, Malte, when you are grown up. Think about it later and perhaps you will understand. The answer will come to you. It would be good if there were someone who could understand things like that."

"Things like that" occupied* my mother when she was alone, and she was always alone in those last years.

"I shall never really understand it, Malte," she sometimes said with her strange smile. "But I would like to find out. If I were a man, yes, if I were a man, I could study it and think about it in the correct sequence* and order from the beginning. For there must be a beginning. Ah, Malte, we pass away.* It seems to me that people are distracted and busy and pay no real attention when we pass away. As if a shooting star* fell and no one saw it and no one made a wish. Never forget to wish something for yourself, Malte. One should never give up wishing. I believe there is no real fulfillment* in life, but there are wishes. And wishes last a long time, all one's life."

People told me that she had become like this

only after the terrible death of her sister, the Countess Ollegard Skeel. The Countess was burned to death as she arranged the flowers in her hair before a ball* in front of a candle-lit mirror. But more recently the most difficult thing to understand had been Ingeborg.

And now I shall write down this story as my mother told it when I asked for it.

"It was in the middle of summer, on the Thursday after Ingeborg's funeral.* We sat on the terrace having tea. From there one could see the roof of the family vault* through the giant elm* trees. The table had been set,* and we spread ourselves around it as we had each brought a book or some sewing. It was a little crowded. Abelone, my youngest sister, was pouring the tea, and we were all busy handing things around. Only your grandfather was looking from his chair toward the house because it was the time when the mail was expected. Ingeborg used to bring it in. During the weeks of her illness we

---

occupy (마음을) 차지하다 sequence 순서 pass away 죽다 shooting star 별똥별 fulfillment 성취 ball 무도회 funeral 장례식 vault 지하 묘지 elm 느릅나무 be set (식탁이) 차려지다

had plenty of time to get used to her not coming with the mail. And now we knew, of course, that she could not come. But that afternoon, Malte, when she could not come any more, she came. Perhaps it was our fault. Perhaps we called her. I suddenly remember the feeling that something was different, and I was trying to figure out exactly what was different. I looked up and saw all the others turned toward the house, not in any special way, just calmly waiting. I go quite cold, Malte, when I think about it. I was just about to say, 'Where is...?' When Cavalier raced out from under the table as he always did when he ran to meet her.

"I saw it, Malte, I saw it. He ran toward her although she was not coming. But for him she was coming. We understood that he was running to meet her. Twice he looked around at us as if questioning. Then he rushed at her just as he always did, and he reached her. He began to jump around and around something that was not there. Then he leaped up on her to lick her. We heard him whining[*] for joy. By the way he was bounding around,[*] you might have imagined he was hiding her from[*] us with his leaping. But suddenly there was a howl.[*] He fell back clumsily[*] and lay strangely flat[*] and never moved. Your father, Malte, did not like animals, but he went up slowly and bent over the dog. He said something to the servant. The servant went forward to lift Cavalier up, but your father took the dog himself and carried it into the house."

Chapter 11

I now want to tell a story from far back in my childhood.[*] This is the first time I have ever told it and even now only to myself. I must have been small because I was kneeling on an armchair in order to reach the table I was drawing on. It was evening time in winter. The table stood in my room. A lamp shone on my paper and on Mademoiselle's book. Mademoiselle sat next to me and was reading. She seemed to be

---

whine (개가) 낑낑거리다 bound around 이리저리 뛰어오르다 hide A from B A를 B에게서 숨기다 howl (개가) 짖는 소리 clumsily 볼품없이 lie flat 납작 드러눕다 far back in one's childhood 먼 옛날 어린 시절

far away when she read. She could read for hours. I was drawing slowly and when I did not know what to do next, I would look at the drawing and bend my head a little to the right. That position always helped me quickly decide what was missing. I was drawing officers* on horse-back* who were riding into battle. Or they were in the middle of a battle. That was far simpler, for all I needed to draw was the smoke that covered everything.

It is certain that on that particular evening I was drawing a solitary* knight on a horse. He was so brightly colored* that I had to change crayons frequently. I used red the most. I reached for the red crayon again and again. I needed it once more when it rolled right across the lighted sheet to the edge of the table. Before I could stop it, it fell and disappeared. I needed it really urgently, but it was very annoying to climb down after it. I could not pull my legs out from under me at first. The pressure of kneeling for too long had made them numb.* I could not tell what belonged to me, and what belonged to the chair. At last I did get down slightly bewildered* and found myself on a rug* that stretched from under the table to the wall. I had a new difficulty. My eyes were used to the brightness above and the bright colors on the white paper, so I could not see anything under the table. So I used my sense of touch. Kneeling and supporting myself with my left hand, I searched around with my right hand in the cool, long-haired rug. But I could not find the crayon. I was about to call Mademoiselle and ask her to hold the lamp for me. But then I noticed that my eyes were adjusting to the blackness. I could see the wall at the back and the legs of the table. Above all I recognized my own outspread hand moving down there all alone. It seemed as if it knew things I had never taught it, groping* down there independently. I followed it as it moved forward. I was interested in it.

But suddenly another hand came out of the wall to meet it. It was a large, extraordinarily* thin hand like no hand I had ever seen before. It came groping in the similar fashion* to mine.

---

officer 장교 on horseback 말을 탄 solitary 혼자의 brightly colored
밝은 색으로 칠해진 numb 감각을 잃은 bewildered 어리둥절한 rug 양탄자
grope 손으로 더듬다 extraordinarily 유별나게 in the similar fashion
비슷한 방식으로

The two outspread hands moved blindly* toward one another. My curiosity was used up, and suddenly there was only terror. I felt that one of the hands belonged to me, and it was about to be lost forever. With all my willpower, I drew it back slowly without taking my eyes off* the other which went on groping. I cannot tell how I got up again. I sat deep in the armchair, and my teeth were chattered.* I must have had so little blood in my face that there would be no blue in my eyes. I wanted to say, "Mademoiselle," but could

I drew my hand back slowly without taking my eyes off the other which went on groping.

not. Then she saw me and threw her book away in fright. She kneeled beside the chair and cried out my name. She shook me. I wanted to tell her about it, but how could I?

The afternoons were so long in my childhood illnesses. In the morning after a bad night I always fell asleep. When I woke up and thought it was morning again, it was really afternoon and remained afternoon and never ceased to be afternoon. So I lay there in my tidy bed and was too tired to imagine anything. Later on, as my strength returned, I could sit up and play with soldiers. But they fell so easily on the sloping* bed tray, and always the whole row would fall at once. I did not have the strength to start all over again.* Suddenly it was too much,* and I begged to have them taken away quickly. And it was good once more to see only my two hands a little further off on the empty bedspread.*

My mother sometimes came for half an hour to

---

blindly 무턱대고 take one's eyes off …에서 눈을 떼다 chatter (공포·추위가) 이를 딱딱 소리내며 떨게 하다 sloping 기울어진 all over again 처음부터 다시 too much 감당할 수 없이 버거운 것 bedspread 침대보

read me fairy stories,[*] but we agreed that we did not like fairy stories. We were not impressed by flying through the air, and transformations[*] seemed to be only superficial[*] changes.

But only when we were sure that we would not be disturbed, and darkness was gathering outside, we would abandon ourselves to[*] our memories. They were shared memories which seemed old to both of us and made us smile. We had both grown up since then. We remembered that there was a time when my mother wished I had been a little girl. I had somehow known this. Sometimes in the afternoon I used to knock on my mother's door. Then when she asked who was there, it delighted me to answer from outside, "Sophie." I made my small voice so delicate[*] that it tickled[*] my throat. In the little, girlish housedress[*] I wore anyway, I was simply Sophie. And my mother had to braid my hair,[*] so I would not be mistaken for the wicked[*] Malte if he ever returned. This was not desired. His absence was agreeable to[*] my mother and to Sophie. Our conversations which Sophie spoke in the same high-pitched[*] voice were mainly about Malte's naughtiness and complaining

My mother had to braid my hair,
so I would not be mistaken for the wicked Malte.

---

fairy story 동화 transformation 변신 superficial 표면상의 abandon
oneself to …에, 빠지다 (탐닉하다) delicate 가냘픈 tickle 간지럽히다
housedress 집에서 입는 옷 braid one's hair 머리를 땋다 wicked 짓궂은
agreeable to …의 마음에 드는 high-pitched 목소리가 새된 (날카로운)

about him. "Ah yes, that Malte," my mother would sigh. And Sophie knew a lot about the naughtiness of boys in general* as if she knew a lot of them.

"I would really like to know what has happened to little Sophie," she would suddenly say in the middle of our recollections.* Of course Malte could give her no information. But when she suggested that Sophie must be dead, he would stubbornly contradict her although he had no proof.

When I think about it now, I am astonished at how I always managed to return to the world whole* and in one piece* after my fevers. I returned to that community where everyone felt they knew each other, and everything was logical. If something was expected, it came or it did not. There was no third possibility. There were things that were sad, things that were pleasant and things that were unimportant. When something happened that was meant to make you happy, you acted happy. It was very simple. Everything fitted into this scheme.* There were the long and boring classes when it was summer outside. There were the walks that had to be described in French afterward. Then there were the visitors who found you amusing just when you were feeling sad. And of course there were birthdays. Children were invited whom I did not know. There were embarrassed children who made me embarrassed, and bold children who scratched faces and broke presents. But when I played alone, I sometimes stepped outside the normal routine.* I was beyond the harmless world, and found surprising things that I could not foresee.

Sometimes Mademoiselle had migraines.* These were the days I was hard to find. I knew that my father sometimes sent the coachman* to find me in the park, but I was not there. From the upper guest rooms I would see the coachman run out and call for me. These guest rooms were usually empty, but next to them was the great corner room which held a great attraction for me. There was nothing to be seen except for an old bust* of

---

in general 일반적으로   recollections 추억   whole 흠이 없는, 결함이 없는
in one piece 무사히   scheme 체계   routine 일과   migraine 편두통
coachman 마부   bust 흉상

Admiral[*] Juel, but there were many deep closets set into the walls. I had found a key in one of the closet doors, and it opened all the others. So in a short time I had examined everything. There were eighteenth-century chamberlain's dress coats[*] with their beautifully embroidered[*] vests. There were uniforms of the Orders[*] of the Danneborg and the Elephant, and they were so rich and soft to the touch. Then there were real gowns long out of fashion.[*] Some of the closets were dark when I opened them because of high-buttoned uniforms.

I pulled all these things out and held them to the light. I held some of them against me and quickly put on some costume. I then ran curious and excited to the nearest guest room and its narrow mirror of green glass. It was then that I learned how a costume can influence[*] one's behavior. As soon as I put on one of these suits, it got me in its power.[*] It influenced my movements, my facial expressions, and yes, even my ideas. My hand, over which a lace cuff[*] might fall, was nothing like my usual hand. It moved like a person acting. I might even say that it was watching itself though that sounds a little hard to

I pulled the costumes out
and held some of them against me.

---

admiral (해군) 제독 dress coat 예복 embroidered 자수를 놓은 the
Order 훈장 out of fashion 유행이 지난 influence …에 영향을 주다 in
one's power …의 수중에 cuff 소맷부리

believe. But these disguises[*] never made me feel like a stranger to myself. In fact, the transformations made me more certain of who I was.

I became bolder and bolder. My undoing[*] came with the last closet which I had been unable to open until that fateful day. It was filled with all kinds of costumes and accessories[*] for masquerades.[*] The fantastic possibilities I saw before me made me blush. It is impossible to recall everything I found in there. There were women's dresses that rang brightly with the coins sewn onto them, pleated[*] Turkish trousers and Persian hats. But these things looked cheap and shabby[*] when brought out into the light. What excited me most were the large cloaks,[*] the scarves, the shawls and the veils. I loved the soft caressing[*] touch of them, so slippery[*] that I could hardly hold them, or so light that they flew like wind. I saw infinite[*] possibilities in them, being a slave girl or being Joan of Arc or an old king or a wizard.[*] All this was possible especially as there were also masks. They had large, threatening or astonished faces with real beards and high-drawn eyebrows. I had never seen masks before. I had to laugh when I thought of one of our dogs who seemed to wear one. I recalled his affectionate eyes which always seemed to be looking from behind a hairy mask. I was still laughing as I dressed up, so I completely forgot what I was supposed to be. Never mind, it was exciting to decide what I was after I had gone before the mirror. The mask I wore was tight over my face, but I was able to see. Then I wound a shawl around my head like a turban covering the top and sides of the mask. Then I put on a big yellow cloak and picked up a staff. I walked with difficulty but with great dignity into the guest room with the mirror.

It was really grand, beyond all expectation,[*] and the mirror gave it back instantly. It was so convincing that I did not have to move much. This thing was perfect even though I did nothing. But I wanted to discover what I actually was, so I turned a little and raised both my arms. At this moment I heard a sound nearby, muffled by my disguise. I lost sight of the thing in the

---

disguise 변장 undoing 파멸 accessories 장신구 masquerade 가면
무도회 pleated 주름이 잡힌 shabby 초라한 cloak 망토 caressing 어루
만지는 듯한 slippery 매끈매끈한 infinite 무한한 wizard 마법사 beyond
expectation 기대 이상으로

mirror and was very upset to see that I had over-turned* a small round table. I bent down with difficulty, and it seemed that everything was in pieces. Two green porcelain* parrots were shat-tered. What was worse, a bottle of perfume had smashed into a thousand tiny pieces. It left an awful puddle of old perfume on the clear wood-en floor. I wiped it up quickly with something that was hanging all over me, but it only became blacker and more unpleasant. I was desperate. I picked myself up and tried to find something to repair the damage to the floor. But I could find nothing. It was difficult to see and move, and I became angry at the absurd* situation I was in. I pulled at all my garments, but they only clung tighter to me. I was being strangled* by the cloak, and the shawl wrapped around my head pressed more and more tightly. And the atmos-phere seemed to have become a little dim and misty with the fumes* of the spilled perfume.

Hot and angry, I rushed to the mirror and with difficulty watched through the mask where to put my hands. But this was what the mirror had been waiting for. Its moment of revenge* had come. While I tried more and more desperately to somehow squeeze out of my disguise, the mirror forced an image, a reality on me. I do not know how, but now the mirror was stronger, and I was the mirror. I stared at this great terrifying unknown thing before me, and it was awful to be alone with him. Then the worst came. I lost all sense of myself, I simply ceased to exist. For one painful second I desperately missed my real self, then there was only he. There was nothing but he.

I ran away, but now it was he that ran. He knocked against* everything for he did not know the house and did not know where to go. He went down some stairs and someone shouted. A door opened and several people came out. Oh, what a relief it was to know them. There was the maid and the butler.* But they did not spring forward to the rescue. They stood there and laughed. I wept, but the mask would not let the tears escape. I kneeled and lifted up my hands, and begged them, "Take me out if you still can,

---

overturn (물건을) 쓰러뜨리다 porcelain 자기(磁器) absurd 어처구니없는
strangled 목이 졸린 fume 냄새 revenge 복수 knock against …에 부
딪히다 butler 집사

and keep me." But they did not hear. I could no longer speak.

Years later the maid used to tell me how I sank down[*] and how they went on laughing, thinking it was part of my act. But then I had continued to lie there and had not answered. They were frightened when they finally discovered that I was unconscious. And I lay there like a piece of something among all those garments.

Chapter 12

Time passed rapidly, and all of a sudden the minister[*] had come to see my mother as she lay dying. Her senses were fading one after the other, and the first sense to fail was sight. It was autumn, and she fell ill or rather she began to die at once. Hopelessly, the whole surface of her body began to die. The doctors came, and one day they were all present together and took over[*] the whole house. For a few hours it seemed that they owned it. But after that they came only one at a time as if out of politeness[*]

only and accepted a cigar and a glass of port.[*] And my mother died.

I was surprised when her only brother, Count Christian Brahe, arrived one morning at the house. He was taller than my father and older as well. The two gentlemen said a few words about my mother. Then after a pause, my father said, "She is very much disfigured.[*]" I did not understand that expression, but it made me shiver when I heard it. It seemed to be difficult for my father to say, too. But it was probably his pride that suffered most.

It was in the year after my mother's death that I first noticed Abelone. She had always been there, but I began to wonder why. I had decided long before that she was not friendly and had never had a reason to change my opinion. But all at once I asked myself, "Why is Abelone here?"

She sang. I mean that there were times when she sang. There was music in her. If it is true that

---

sink down 주저앉다   minister 목사   take over 점거하다   out of politeness 예의상   port 포르투갈 산(産) 적포도주   disfigured 외관이 훼손된

angels are masculine,* then I think there was something masculine in her voice. It had a radiant,* heavenly masculinity. I never trusted music even as a child. But I endured this music which lifted me higher and higher, until I imagined I was very close to heaven.

At first our relationship based on* her telling me stories about how brave my mother was when she was young, when she danced and went riding. "She was the most daring* girl and quite tireless.* And then she suddenly got married." Abelone was still amazed after so many years. "It happened so suddenly, and no one could really understand it."

I wanted to know why Abelone had not married. She was old compared to me, and it never occurred to me that she still might marry.

"There wasn't anybody," she answered simply, and in saying that she became really beautiful. "Is Abelone beautiful?" I asked myself in surprise. Then I left home to go to the Academy for Young Noblemen, and a difficult and painful time began for me. But at night there, I would stand by a window apart from* the others and left a little in peace by* them, and look out into the trees. At

I walked down the side path.
And there was beautiful Abelone.

---

masculine 남성적인 radiant 빛나는 based on ···에 근거한 daring 대담
한 tireless 지칠 줄 모르는 apart from ···와 떨어져 left in peace by ···
의 방해를 받지 않고

such moments, at night, I became certain that Abelone was beautiful. I began to write her many secret letters in which I thought I was writing about homesickness* and how unhappy I was. But I know now they were really love letters. When the holidays came at last, I went home. But we did not meet in the presence of* others.

When the carriage turned into the park, I got out, simply because I did not want to ride up to the house like a stranger. Summer was at its height.* I walked down one of the side paths and toward laburnum* trees. And there was Abelone. Beautiful, beautiful Abelone.

I shall never forget that moment when you looked at me. How you wore that gaze of yours holding it up on your back-tilted face like something that could never be defined.

Ah, didn't the climate around Ulsgarrd grow milder with our warmth? Don't certain roses in the park bloom for a longer time now, even into December?

I shall tell nothing about you, Abelone. Not because we deceived each other — since even then you loved someone whom you have never forgotten, and I loved all women — but because only wrong is done in the telling.

There are tapestries* here, Abelone, wall tapestries. I imagine that you are here. Come, let us pass slowly before them. But first step back, and look at them all at once. How peaceful they are. There is little variety in them. There is always that oval, blue island floating on a background of modest* red. It is covered with flowers and inhabited by* tiny, busy animals. Only over there, in the last hanging, the island rises a little as if it had grown lighter. It always has one figure* on it, a lady, in various costumes, but she is always the same. Sometimes there is a smaller figure beside her, a handmaid.* And heraldic animals are always there on the island, large, taking part in the action. On the left there is a lion, and on the right a unicorn. They carry the same flags which fly high above them. Have you looked? Shall we begin with the first?

---

homesickness 향수 in the presence of …의 면전에서 at its height …의 절정기에 laburnum (식물) 노란등 tapestry 태피스트리(색실로 무늬를 짜 넣은 직물) modest 수수한 inhabited by …가 사는 figure 사람의 모습 handmaid 시녀

She is feeding a falcon.[*] How luxurious her clothing is! The bird is on her gloved hand. She is watching it and at the same time putting her hand into the bowl the handmaid brings to offer it something. Below on the right, a silken-haired dog is lying on the train[*] of her dress, looking up and hoping it will be remembered. The lion and unicorn stand erect with heraldic arrogance.

We approach the next tapestry, and we see how deeply the lady is concentrating. She is weaving a small, round crown of flowers. Thoughtfully she chooses the color of the next carnation in the flat basin[*] the handmaid holds for her. Behind her on a seat there is a basket full of untouched roses which a monkey has uncovered. But this time she needs carnations. The lion no longer participates, but the unicorn on the right understands.

Music should enter into this stillness. Or is it already there but reduced? Quietly she has gone forward to the portable organ and now stands playing it. The pipes separate her from the handmaid who is blowing the bellows[*] on the other side of the instrument. She has never been so lovely. Her hair is wonderful, brought forward in two braids[*] and fastened together over the head-dress.[*] The lion is in a bad mood. He endures the sound of the organ biting back[*] a howl. But the unicorn is beautiful.

The island has become broader. A blue and gold tent has been set up. The animals hold it open, and she is stepping forward in her queenly clothing. The handmaid has opened a small cas-ket[*] and lifts from it a chain.[*] It is a large and magnificent ornament that has always been locked away. The little dog sits beside her on a high stool and watches. Have you seen the motto[*] on the upper edge of the tent? It is, "À mon seul désir."

What has happened? Why is the little rabbit running down there? Everything is in such sus-pense. The lion has nothing to do. She herself holds the banner.[*] Or is she leaning on it? With her other hand she has grasped the horn of the unicorn. Is this mourning? Can someone in mourning stand so straight? Is that green-black

---

falcon 매　train 뒤에 끌리는 옷자락　basin 대야 모양의 그릇　bellows (오르간 · 아코디언 등의) 송풍기　braids 땋아 늘인 머리　headdress 머리 장식　bite back (나오는 소리를) 입술을 깨물며 참다　casket (보석 · 귀중품 등을 넣는) 작은 상자　chain 목걸이　motto 격언　banner 깃발

velvet dress she wears a mourning garment?[*]

But here is yet another scene. Everything is here. Everything forever. The lion looks around almost threateningly. No one else may come. We have never seen her weary before. Is she weary? Or is she merely resting because she holds something heavy? But she curves her other arm toward the unicorn, and the flattered[*] animal rears[*] and leans against her lap. It is a mirror that she holds. See! She is showing the unicorn its refection.

Abelone, I imagine that you are here. Do you understand, Abelone? I think you must understand.

---

mourning garment 상복   **flattered** 우쭐해 하는   **rear** (네 발 짐승이) 뒷발로 서다

VOLUME

II

Chapters 13-23

To be loved is to be consumed.
To love is to give eternal light.
To be loved is to pass away.
To love is to live on.

Chapter 13

W all tapestries are being taken from all the old houses. Now everything is disappearing out of houses. Nothing can be kept. No one looks on the wall to see their ancestors or these tapestries which were woven to praise everything. Young people never see them now unless it is part of their study to view these things once concentrating on a certain feature.[*]

Young girls occasionally[*] find them. There are lots of young girls in museums. They have left the houses that no longer keep anything. They find themselves standing before these tapestries and forget themselves for a while. They have always felt that the world shown on the tapestries really existed. They remember dimly that for a while they even believed this quiet life would be their own. But then they quickly bring out a sketchbook and begin to draw one of the flowers or a little happy animal. Whatever they might choose, it really does not matter. To draw is the main thing. That is why they left home rather violently.* They come from good families. But when they lift their arms as they sketch, it appears that their dresses have not been done up* at the back. There are a couple of buttons that cannot be reached. For when the dress was made, they were not expected to suddenly leave home on their own. In the family there is always someone to help with those buttons. But here, good heavens,* who is going to bother about such a small thing in such a large city, unless perhaps one has a friend? But friends have the same problem, and they would end up* buttoning each other's dresses. That is ridiculous and reminds them of their families which they do not want to be reminded of.

But they must wonder sometimes as they draw whether it would have been possible to stay at home. Maybe if they had been religious, sincere-ly* religious like their parents. But it seemed so absurd trying to be religious together. The path has somehow grown narrower, so families can

---

feature 특징 **occasionally** 가끔 **violently** 세차게, 격렬히 **be done up** 마무리되다 **good heavens** 큰일이군, 저런 **end up** 결국 …하게 되다 **sincerely** 진심으로

no longer approach God together. There remained only various other things that they could share. Yet if they shared those things equally, each person received so shamefully little. And if they cheated* in the sharing, all sorts of disputes* rose. No, it is really better to draw. In time the resemblance will appear. And art is after all something truly enviable.

Because these young women are concentrating so hard they never raise their eyes any more. They do not notice that all their drawing only holds them back from* the life that is so radiantly woven in the pictures. They do not want to believe it. Now that so many things in life are changing, they too want to change. They are already nearly certain that life is about finding one enjoyment and then another and then another that is even stronger. So they look around and search.

I believe that this has happened because they are weary of love. For centuries now, they have performed the whole of love. They have always played the full dialogue, both parts. The man has only imitated them badly. The man has made learning difficult with his lack of concentration, with his carelessness* and with his jealousy. Women have persevered* night and day and have increased their love and misery. Women under the stress of endless need have loved more passionately than their men. We know because of letters that have been preserved as if by a miracle or books or poems or in the expression in portraits hung in some gallery. There have been so many who burned their letters, and others who had no strength to write them. There were old women, grown hard, but with a sweet heart which they had kept hidden. There were rough and strong women who let themselves become like their husbands. Yet they were once entirely different inside where their love labored* in the dark. There were child-bearing women who never wanted to bear children, who finally died after their eighth child with the gestures of girls looking forward to love. Then there were those women who remained beside bullies* and drunkards.* They did because they had found the

---

cheat 속임수를 쓰다 dispute 분쟁, 싸움 hold A back from B A를 B로 부터 떼어놓다 carelessness 부주의 persevere 인내하다 labor 고생하다, 괴로워하다 bully 약자를 못살게 구는 자 drunkard 주정뱅이

means to be far away from their husbands and to be inside themselves than anywhere else. When they went out in public, they shimmered* as if they lived with angels. Who can say how many there were or who they were? There are no words to find them.

Now that so much is changing, perhaps we men should change as well? We could try to develop ourselves a little and slowly take our share of work in love little by little. We have been spared* all the hard work, and so it has become a kind of amusement. We have been spoiled by easy enjoyment like all dabblers* and are looked upon as masters. But what if we were to refuse our successes? What if we were to start from the beginning to learn the work of love which has always been done for us? What if we decided to become beginners, now that so much is changing?

Chapter 14

N ow I remember when my mother unrolled the spindles* of lace which she kept in a drawer of Ingeborg's old desk. "Shall we look at them, Malte?" she would say, and was so joyful as if she were about to be given a present. Then she would become so excited she could not even remove the tissue paper.* I had to do that every time. But I was also very excited when the laces appeared. They were wound thickly on a wooden spindle. Then we would unroll them slowly and watch the designs as they opened out.

First came Italian work, tough pieces with drawn threads in which everything was repeated over and over like in a cottage garden. Then there would be Venetian* needlework,* and we saw landscaped* gardens. Gorgeous plants we did not know opened gigantic* leaves, and great

---

shimmer 희미하게 빛나다 spared 면제 받은 dabbler 장난 삼아 하는 사람
spindle 물레가락(물레로 실을 뽑을 때 실을 감는 쇠꼬챙이) tissue paper 박엽지
(물건을 싸거나 책의 내지로 쓰이는 얇은 종이) Venetian 베니스풍의 needle-
work 바늘뜨개 레이스 landscaped 조경이 된 gigantic 거대한

blossoms[*] dimmed[*] everything with their pollen.[*] Suddenly we stepped into winter, a frosty[*] morning. We then pushed through snow-covered bushes and came to places nobody had been yet. The branches hung down so strangely as if there was a grave beneath them. The cold pressed on our faces, and my mother said, "Oh, we shall get frost flowers on our eyes."

When it was time to roll them up, we both sighed. It took a long time, but we were not willing to trust anyone else to do it.

"Imagine if we had to make them," she said looking really frightened. I could not imagine that at all. I had thought of little insects spinning[*] these things. But no, of course, women made them.

"They must have gone to heaven, the women who made these," I said admiringly.[*] She drew a long breath. After a while, when I had already forgotten about it, she said slowly. "To heaven? I believe they are in this lace. And if that's true, they will feel eternal happiness. But I know so little about these things."

Chapter 15

Our neighbors, the Schulins, were now living in the two narrow side wings.* Their large, old manor house had burned down a few years before. But they continued to have guests. They could not give that up. If someone arrived at our house unexpectedly, he probably came from the Schulins. If someone looked at the clock and hurried away from our house, he was probably expected at the Schulins.

By that time my mother never went out any more. But the Schulins insisted that she drive over one day and see them. It was in December after some early snowfall. The sleigh* was ordered for three o'clock, but my mother was not punctual.* When the sleigh arrived, she was hunting for something upstairs that she needed urgently. We all stood waiting for her. And when

---

blossom 꽃   dim 어슴푸레하게 만들다   pollen 꽃가루   frosty 서리가 내리는
spin 실을 뽑다   admiringly 감탄하여   wing (건물의) 동(棟)(중심 건물에서 옆으로 늘인 부속 건물)   sleigh 썰매   punctual 시간을 잘 지키는

at last she was seated in the sleigh and tucked[*] under the blanket, she remembered that she had forgotten something else. Then the maid had to be called for only the maid knew where it was. But then we suddenly drove off before the maid returned.

It was misty. It began to quietly snow again, and everything was erased. It seemed as if we were driving into a white sheet. I imagined I saw the church tower on the left, but the outline of the park wall was suddenly there, high, almost on top of us. And we were in the long avenue[*] leading to the Schulins. The sound of the sleigh bells seemed to echo off the trees. Then we swung[*] as we drove around something and passed something on the right and came to a halt.[*]

The driver had forgotten that the house was no longer there. But for all of us at that moment it was there. We climbed the front steps and only wondered why there were no lights. Suddenly a door opened to the left, and someone cried, "This way!" My father laughed and said, "We are climbing up here like ghosts." And he led us down the steps.

"But the house was there just now," my mother said quietly, as Viera Schulin came running out laughing. So we went in quickly and forgot about the house. We took off our coats in the small cloakroom* and faced lamps and warmth.

These Schulins were a powerful family of independent women. I do not know if there were any sons. I only remember three sisters. The eldest had been married to a Marquis* in Naples. She was slowly divorcing him through many lawsuits. Then came Zoë who was said to know everything. Above all there was Viera, this warm Viera. The Countess was like a fourth sister rather than their mother and in many ways seemed to be the youngest. She knew nothing and had to be continuously advised by her children. The good Count Schulin felt as though he was married to all these ladies, and he went around kissing them all at random.*

Just then he was laughing loudly. He stopped and greeted us very courteously.* I was passed

---

tuck 모포(담요)로 감싸다 avenue 대로 swing 빙 돌다 come to a halt
멈추다 cloakroom 외투(휴대품) 보관소 Marquis 후작 at random 닥치
는 대로 courteously 공손하게

around the ladies and petted[*] and questioned. I decided to slip away[*] and look for the house as soon as I could. I was certain it was there today.

Getting out was not so difficult. I crawled away[*] like a dog under the skirts. But the main door was locked. As I was undoing the several chains and locks,[*] I heard a loud noise and was suddenly pulled back.

"Hold on, you can't leave yet," said Viera Schulin in amusement. I decided to say nothing to this warm person about my desire to see the ghost house. But as I said nothing, she assumed that I wanted to go to the bathroom. She seized my hand and began to take me to it. This misunderstanding embarrassed me. I tore my hand away and looked angrily at her. "It is the house that I want to see," I said proudly, but she did not understand. "The large house at the top of the stairs," I said.

"You goose,[*]" she said trying to take my hand again, "there is no house any more."

I insisted that there was.

"We'll go and look another time," she said. "It's too late to go looking out there now. There are holes in the ground, and right behind are

Papa's fishponds.* You'll fall in and be turned into a fish."

Then she pushed me back into the bright rooms. There they all sat and talked, and I thought about them one by one. They only went to the house when it was not there, I thought with contempt.* If my mother and I lived here, it would always be there. My mother looked very upset while the others were all talking at once. She was certainly thinking of the house.

Zoë sat down beside me and began to ask me questions. My father sat listening to the Marquise who was laughing. Count Schulin stood between my mother and his wife and was telling a story. I saw the Countess interrupt* him in the middle of a sentence with a whisper.

"No, child, you are imagining that," said the Count cheerfully. But suddenly he looked as uneasy as his wife, who looked very strained. She made a gesture with her soft, ringed hands and said, "Shh!" Suddenly there was complete

---

pet 쓰다듬다 slip away 슬그머니 가버리다 crawl away 기어 나가다
undo the chains and locks 쇠사슬 잠금장치를 풀다 you goose 바보야
fishpond 양어장 with contempt 경멸스럽게 interrupt (…의 말을) 자르다
(가로막다)

silence.

Behind the people in the room the immense* pieces of furniture from the old house crowded against each other, much too close together. My father looked around in surprise.

"Mama smells something," said Viera Schulin, "so we shall have to be quiet. She smells with her ears." As she said that, she herself stood and raised her eyebrows and sniffed* attentively.*

The Schulins had become like this after the fire. In the crowded, overheated rooms some odor would come up at any moment. Then everyone would analyze it and give their opinion. Zoë checked the stove. The Count went around and stopped a while in every corner and waited. "It's nothing," he said finally. The Countess had risen but did not know where to search. My father turned around slowly as if the smell was behind him. The Marquise had assumed it was a nasty* smell and held a handkerchief* over her mouth. She looked at everyone to see if it had gone. "Here, here," cried Viera from time to time as if she had found it. Around each word there was a strange silence. As for me, I busily smelled too. But all at once I

was overcome for the first time in my life by*
something like a fear of ghosts. These sensible
grown-ups who just a minute before had been
talking and laughing were now stooped and busy
with something invisible. They admitted some-
thing was there that they could not see. And I
was frightened because this thing was stronger
than them all.

My fear increased. It seemed to me that what
they were seeking might suddenly break out of*
me. Then they would see it and point their fin-
gers at me. I looked desperately over to my
mother. She sat very still and straight. It seemed
to me that she was waiting for me. As soon as I
reached her side, I could tell that she was trem-
bling, and I knew that the house was now start-
ing to fade away* again.

"Malte, you coward!" came a laugh from some-
where. It was Viera's voice. But my mother and I
did not let go of each other. We remained togeth-
er until the house had completely vanished.*

---

immense 거대한 sniff 킁킁거리며 냄새를 맡다 attentively 신경써서
nasty 역겨운 handkerchief 손수건 be overcome by …에 사로잡히다(압
도되다) break out of …에서 뛰쳐나오다 fade away (잦아들듯) 사라지다
vanish 사라지다

Chapter 16

My birthdays were strange experiences. I already knew that life took pleasure in[*] not making distinctions,[*] but on my birthday I would be joyful. This sense of right had probably developed at that very early age when we simply get everything we want.

Suddenly a birthday came. I had just woken up when someone shouted outside that the cake had not arrived yet. Then I heard something break as the presents were being arranged on the table in the next room. Then somebody left the door open, and I saw everything before I should have seen it. At that moment I felt as if I had had an operation,[*] a brief but painful cut that was quickly over. And the moment after I had survived it, and I no longer thought about myself. I had to rescue the birthday party. I had to watch the others and cover up their mistakes[*] and make them feel that they were doing everything very nicely. But they did not make it easy for me. They seemed to be extremely clumsy, almost stupid.

Some came in with parcels[*] for my parents. So when I ran to meet them thinking they had my presents, I had to pretend I was running around the room for exercise. Then I was given a mechanical toy,[*] but they broke the spring the first time they wound it up. So it was a good idea to practice beforehand by secretly reaching out with my foot[*] and pushing along an overwound[*] mouse. In this way I often deceive them and save them from embarrassment.

I managed all these things. It did not require any great skill. But talent was really necessary when an important and kind person brought me a present, and I could see that it was a present for someone quite different from me. It was so unfamiliar that I did not know anyone it could possibly be for.

---

take pleasure in ⋯에서 즐거움을 얻다 distinction 구별 have an operation 수술을 받다 cover up one's mistake ⋯의 잘못을 숨기다 parcel 꾸러미 mechanical toy 기계로 움직이는 장난감 reach out with one's foot 발을 뻗다 overwound (장난감 등의 태엽이) 지나치게 감긴

Chapter 17

The days when people knew how to tell stories must have been before my time. I never heard anyone tell stories. In the days when Abelone told me stories about my mother's youth, I could see that she could not tell stories. Old Count Brahe was supposed to be a good story teller. I will write down what Abelone told me.

Count Brahe lived quite apart from his daughters. He did not feel that he shared his life with anyone. But he was happy when people spoke to him about his daughters. He would listen closely as though they were living in another town.

So it was very unusual when he told Abelone to come to him after breakfast. He said, "We have the same habits. I also write early in the morning. You can help me." Abelone still remembered as if it had been yesterday.

She was led into her father's study which she had never been inside before. But she had no time to look around for she had to sit down immediately opposite the Count at the writing table. The table seemed like a vast plain* to her with books and piles of paper like villages.

The Count dictated.* Many people were eagerly awaiting his political and military memoirs,* but he was actually interested in a different kind of memoir. "I've forgotten all that," the old gentleman would say whenever someone brought up the subject.* What he wanted to recall was his childhood. It was very important to him. It seemed quite natural to him that his attention should turn back to that distant time now that he was slowing down and turning his gaze inward.

Sometimes he sprang up and talked into the candles so that they flickered.* Or he would have Abelone cross out* whole sentences, and then he would pace violently back and forth in his green silk dressing gown.* During these sessions there was another person present, Sten, the Count's old valet.* Sten's duty was to hold all the loose papers down when the Count sprang up. They

---

plain 평원 dictate 구술해서 받아쓰게 하다 memoirs 회고록 bring up the subject (특정) 화제를 꺼내다 flicker (등불이) 깜빡거리다 cross out 줄을 그어 지우다 dressing gown 실내복 valet 시종

both believed that modern paper was far too light, so Sten would sit seriously and keep watch like an owl over[*] the papers.

This Sten spent his Sunday afternoons reading Swedenborg. None of the other servants dared to enter his room because they thought he was summoning up[*] spirits.[*] Sten's family had always worked with spirits, and Sten had continued the family tradition. Sten had large round eyes and seemed to be staring beyond the person he was talking to. Abelone's father often asked after[*] the spirits in the same way he would ask after his relatives. "Are they coming, Sten?" he would ask. "It is good if they come."

The dictating went on for a few days. Then Abelone could not write the place name "Eckernförde." She had never heard it before. The Count had actually been looking for an excuse to give up the writing, so he pretended to be irritated.

"She can't write it," he said sharply, "and others will not be able to read it. And will they see what I am saying?" he went on angrily keeping his eyes fixed on Abelone. "Will they see him, this Saint-Germain?" he shrieked at her. "Did I say Saint-Germain? Cross it out. Write, the Marquis de Belmare."

Abelone crossed out and wrote. But the Count continued to speak so rapidly that she could not keep up with him.

"He didn't like children, this excellent Belmare, but he took me on his knee. I bit his diamond studs* and that behavior pleased him. He laughed and lifted my chin up until we were looking into each other's eyes. 'You have splen-did teeth,' he said, 'teeth that are ambitious.' And I remember his eyes. I have traveled a lot since then. I have seen all kinds of eyes, but believe me, I have never seen such eyes again. Those eyes carried things in them. Have you heard of Venice? Well, his eyes would have projected* Venice into this room, so it would have been here like that table. I once sat in the corner of the room while he spoke to my father about Persia. I sometimes think I still smell of Persia. My father and his Highness thought very highly of*

---

keep watch over ···을 지키다 summon up 불러내다 spirit 유령 ask after (···의 안부를) 묻다 stud (와이셔츠 등의) 장식 단추 project 투사하다 think highly of ···을 높이 평가하다

Belmare. But other people criticized him for only being interested in the past that was inside him." Then the Count turned furiously toward the wall and cried, "Books are empty. It is blood that matters, it is blood that we must be able to read. He had marvelous histories and illustrations in his blood, this Belmare. He could open it wherever he pleased. Something was always described there. Every page of his blood was filled. He knew about alchemy* and precious stones and colors."

For some time the old man had forgotten that he was speaking to Abelone. He paced like a madman. "You should have seen him," he said to Sten. "I saw him. He was not handsome, and he did not even look important. There were always more distinguished* men around. He was wealthy, but I had the feeling he might lose all his money at any moment. But he was brilliant."

The Count stood still trembling. At that moment he remembered Abelone.

"Did you see him?" he shouted to Abelone. Then suddenly he seized one of the silver candlesticks* and held the blinding* light in her face.

Abelone remembered that she had seen him.

For the next few days Abelone worked regularly. And the dictation went ahead much more quietly. Abelone had now got used to her job, and anyone who saw them might have mistaken their working partnership* for real intimacy.*

Once, when Abelone was about to go to bed, the old man approached her. He seemed to have a surprise as if he was holding something behind his back. "Tomorrow we shall write about Julie Reventlow," he said. "She was a saint."

Abelone looked surprised.

"Yes, yes, such things are still possible even in modern times," he said loudly. "All things are possible, Countess Abelone."

He took Abelone's hands and opened them like a book.

"She had the stigmata,*" he said, "here and here." And with his cold finger he tapped hard and sharp on* both her palms.

Abelone did not know the word "stigmata."

---

alchemy 연금술 distinguished 뛰어난 candlestick 촛대 blinding 눈부신 partnership 협력(관계) intimacy 친밀 stigmata 성흔(십자가에 못박힌 예수의 상처와 유사한 상처) tap on …을 살짝 두드리다

She would have to learn it. She was eager to hear about the saint that her father had actually seen. But she was not called to work the next morning, nor ever again.

"The Countess Reventlow was often mentioned in the family," concluded Abelone rather suddenly. When I asked her to tell me more, she said she had forgotten. She looked tired. "But I still feel the two marks sometimes," she said smiling. Then she gazed with curiosity into her empty hands.

Chapter 18

Even before my father's death everything had changed. We no longer owned Ulsgaard. My father died in town in a flat* that seemed hostile* and strange to me. I was abroad when he died and returned too late.

They had laid him on a bier* between two rows of tall candles. The perfume of the flowers was strong. His handsome face wore an expression of pleasant recollection. He was clothed in his blue suit. His hands were crossed and looked false.[*] I had been told that he had suffered a great deal, but nothing of this could be seen now. His features were set in order[*] like the furniture in a guest room after the visitors have left. I had the feeling that I had already seen him dead several times. All this seemed so familiar.

Then I was supposed to have breakfast, but I had no desire for[*] breakfast that day. I did not notice that they wanted me to leave the room. Finally, the maid told me that the doctors were in the house. I did not understand why. The maid said that there was still something to be done, and she looked at me closely with her reddened eyes. Then two gentlemen entered. They were doctors. The first one lowered his head with a jerk[*] to look at me over his glasses. It seemed as if he had horns and was going to butt[*] me.

He bowed very stiffly. "Your father had one other wish," he said. His colleague was a chubby[*] man with blond hair. There was a pause.

---

flat 아파트   hostile 적의가 있는   bier 관대(무덤 안에 관을 얹는 낮은 대)   false 부자연스런   be set in order 정돈되다   have no desire for ···할 생각이 없다   with a jerk 홱 하고   butt (짐승이) ···을 뿔로 받다   chubby 토실토실 살찐

It was strange that my father still had wishes.

I looked at my father's fine, regular* features. I knew then that he wanted there to be no doubt that he was dead. He had always desired certainty, and now he was about to have it.

"You are here for the perforation* of the heart," I said. "Please go ahead."

I bowed and stepped back. The two doctors bowed in reply then began to talk about their work. The candles were pushed aside. Then the elder of the two doctors stepped forward and looked angrily at me.

"It is not necessary," he said, "I mean, I think it would be better if you..."

"Thanks," I said shortly bowing again, "but I shall not disturb you."

I knew that I would be able to cope with* this, and there was no reason for me to leave. Besides, I had never seen someone's chest perforated before. It seemed to me that I should not reject such a rare experience when it came easily and naturally.

We cannot imagine anything in the world before it happens, no, not even the smallest thing. Everything is made up of so many unique parts that it cannot be foreseen.* Our imaginations pass over* things without noticing what is missing. But reality is slow and indescribably* detailed.

Who would have imagined, for example, that resistance? As soon as the broad chest was laid bare, the doctor chose his spot. But the instrument did not penetrate.* I had the feeling that time had stopped. We were like a group in a picture. But then time started up again. Suddenly there was hammering.* The tempo was so fast it seemed malicious.*

I looked at the doctor. He was in complete control of himself. He was a gentleman working swiftly and accurately. When he had finished, he showed no sign of enjoyment or satisfaction. He carefully withdrew the instrument leaving something resembling a mouth. Blood escaped from it twice as if it were pronouncing a word with two syllables. The young, blond doctor quickly and elegantly wiped it up with a piece of cotton.

---

regular 단정한   perforation 구멍을 뚫기   cope with ···에 대처하다   foresee 예견하다   pass over 간과하다   indescribably 이루 말할 수 없이   penetrate 뚫고 들어가다   hammering (망치로) 두드리는 소리   malicious 악의가 있는

Now the wound was still* like a closed eye.

Suddenly I was astonished to find myself alone again. Someone had put the suit back on. My father was certainly dead. But not only him, the heart of our family was dead, the line* had ended. It was all over. I was not thinking of my own heart. But when it occurred to* me later, I knew for the first time with total certainty that it did not come into consideration* for this purpose. It was an individual heart.

I imagined that I could not leave immediately after that. I said to myself that everything must be put in order. But it was not clear what needed to be put in order. There was almost nothing that needed to be done. I walked around the town and noticed that it had changed. It had become better-behaved, a little smaller. Some places tried out* their old power on me again. There were certain corners, windows, porches* and lanterns which knew a great deal about me and threatened me with their knowledge. I looked at them and let them know I was staying in the Hotel Phoenix and could leave them again at any minute. But I still felt uneasy. Deep down I knew that my childhood associations* and feelings had not really been overcome yet. I had just abandoned these things one day, all unfinished. I still had to complete my childhood or give it up as lost forever.

I spent a few hours every day in the flat where my father had died. I went back and forth between the writing table and the stove burning my father's papers. I had begun by throwing the letters into the fire in the bundles they were tied in. But they were tied too firmly* together and only burned at the edges. So I had to loosen them. Most of them had a strong scent that seemed to want to awaken memories in me, but I had none. Then some photographs happened to slip out.* These photographs were heavy and burned incredibly slowly. I suddenly wondered if a picture of Ingeborg might be among them. But each time I looked, I saw women, mature, magnificent* and beautiful. And I realized that I did have some memories after all. I remembered

---

still 움직이지 않는 line 가문(의 혈통) occur to …에게 (생각이) 떠오르다
come into consideration 고려되다 try out 엄밀하게 시험하다, 충분히 시험
해 보다 porch 현관 association 연상, 연상되는 것 firmly 단단히 slip
out .스르르 빠지다 magnificent 멋진

some of these women from when I was a grow-ing boy, and when I used to accompany my father along the streets. They would look at me from a passing carriage with an intense[*] look that was impossible to escape. Now I realized that they had been comparing me to him, and I had not measured up.[*] Certainly not.

Then I may have discovered something that he feared. Let me tell you how I came to this con-clusion.[*] Deep inside his wallet there was a piece of paper. It had been there for a long time. It was in his neatest[*] writing. I read it before I burned it.

"Three hours before his death," it began. Of course I cannot recall the exact wording[*] now but the story was about Christian IV. Three hours before his death he demanded to get up. The doctor and the valet helped him to his feet.[*] He stood unsteadily and they put his dressing gown on. Then he sat down suddenly on the end of the bed and said something. It was unintelligible. The doctor held his hand to prevent him falling over. So they sat and from time to time the king said, with difficulty, these quiet and unintelligi-ble words. The doctor spoke to him trying to understand what the king was trying to say. After a little while the king interrupted him and said suddenly quite clearly, "O doctor, doctor, what is your name?" The doctor was so surprised he had to think for a moment.

"Sperling, your majesty.*"

But this was not really important. As soon as the king heard that they understood him, he opened his right eye wide and carefully expressed the word his tongue had been forming for hours. "Death," he said, "death."

There was no more on the sheet. I read it several times before I burned it. Then it occurred to me that my father had suffered a great deal* at the end. That is what they told me.

Since then I have thought a lot about the fear of death. I have felt it myself several times. It has overtaken me in the busy town, in the middle of a crowd and often without any reason. Other times there have been very good reasons. Once,

---

intense 강렬한 measure up (희망·표준 등)에 들어맞다, 부합되다 come to a conclusion 결론에 이르다 neat 깔끔한 wording 표현(법) help... to one's feet …가 일어서도록 돕다 your majesty (호칭) 폐하 a great deal 많이

for example, a person on a bench fainted and everyone stood around and looked at him. He was already far beyond* fear. Then I had his fear.

Or that time in Naples. The young girl sat opposite to me in the streetcar* and died. At first it looked like she was faint. We drove on for a while. But then there was no doubt that we had to stop. Vehicles behind us stopped and the traffic piled up.* The pale, stout girl might have died quietly leaning against her mother beside her. But her mother would not allow this. She loos-

My dog gazed at me, surprised and lonely,
until it was over.

ened the girl's clothes and poured something into her mouth which could no longer swallow. She rubbed the girl's forehead with some liquid. When the girl's eyes rolled back a little, she began to shake the girl to make her eyes come forward again. She shouted into those eyes that saw nothing. She pushed and pulled the girl to and fro[*] like a doll. Finally she raised her arm and struck the puffy[*] face with all her might,[*] so that it would not die. That time I was afraid.

I was afraid when my dog died and he blamed me for it. He was very sick. I had been kneeling beside him the whole day, when he suddenly gave a bark as he used to do when a stranger appeared. A bark like that was the sign we had agreed on, so I glanced involuntarily[*] at the door. But it was already in him. I looked anxiously into his eyes, and he looked into mine but not to say good bye. His look was hard and surprised. He reproached[*] me for allowing it to enter. He had been convinced that I could stop it.

---

far beyond ···을 훨씬 넘어   streetcar 시내 전차   pile up (자동차가) 다중 충돌하다   to and fro 앞뒤로   puffy 부어오른, 똥똥한   with all one's might 있는 힘껏   involuntarily 무심결에   reproach 책망하다

It was now clear that he had always overrated[*] me. He continued to gaze at me, surprised and lonely, until it was over.

I was afraid in autumn after the first night frosts when flies came into the rooms and came to life[*] once again in the warmth. They were dried up and frightened by their own buzzing. I could see that they did not quite know what they were doing. They sat there for hours until it occurred to them that they were still alive. Then they flung themselves blindly in every direction and did not know what to do. And I could hear them falling down again here and there. They crawled about everywhere and slowly spread death all over the room.

But even when I was alone, I could be afraid. Some nights I sat up[*] knowing that sitting was something the living did. The dead did not sit. There I would sit, looking so dreadful that nothing would come near me, and not even the candle would come near me. It burned away as if by itself in an empty room. My last hope then was always the window. I imagined that somewhere outside there was something that belonged to me. But as soon as I looked at it, I wished the window was blocked up[*] like the wall. For things out there were the same, going on in the same indifferent way. There was nothing but loneliness. People came to my mind[*] that I had left, and I did not understand how I could have left such people.

I now understand quite well how my father could carry the description[*] of a death hour deep inside his wallet all those years. It would not even have to be a special, selected one. The hour of all people's death has something unusual about it. I can imagine, for example, someone copying out[*] how Félix Arvers died. It was in a hospital. He was dying in a gentle and calm way, and the nun[*] perhaps thought he was further gone than he actually was. Someone called out asking for someone, and this nun called out quite loudly that this person was in the "collidor" rather than the "corridor." At that moment Arvers postponed dying. It was necessary to cor-

---

overrate 과대평가하다   **come to life** 되살아나다   **sit up** 자지 않고 일어나 있다   **be blocked up** 막혀 있다   **come to one's mind** 생각이 …에게 떠오르다   **description** 기술, 설명   **copy out** 모조리 베끼다   **nun** 수녀

rect this error first. He became perfectly lucid[*] and explained to her that it should be "corridor." Then he died. He was a poet and hated the approximate.[*] Or perhaps he was only concerned with the truth. Or he could not leave the world with the feeling that it was carrying on carelessly. We can never know the exact reason, but it does not seem that he plays a scholar. Or else the same charge would fall on the saintly Jean de Dieu. He leaped up from his deathbed[*] just in time to cut down a man who had hanged himself in the garden. He was also concerned only with the truth.

Chapter 19

There exists a creature that is perfectly harmless. When it passes before your eyes, you hardly notice it and immediately forget it again. But as soon as it, somehow invisibly, gets into your ears, it begins to develop. It hatches, and cases have been known that it has entered into the brain and flourished there destructively.

The creature is your neighbor.

Now ever since I have been drifting around on my own like this, I have had so many neighbors. Neighbors above me and below me, neighbors on my right and on my left, and sometimes all four kinds at once. I could simply write the history of my neighbors, but that would take up* a whole lifetime. Actually, it would be more of a history of the symptoms* they have generated* in me. With all creatures of a similar nature, they share the characteristic. That is their presence can be detected* only through the disturbances* they cause in certain tissues.*

I have had unpredictable neighbors and others whose habits were extremely regular. I have sat for hours trying to discover the law of the former type. I was convinced that even they were acting in accordance with* some law. And one evening my punctual neighbors failed to come home at their usual time. I have imagined the disasters that might have happened to them. I have kept

---

lucid (지각이) 정상인, 의식이 맑은 the approximate 대략적인 것
deathbed 임종 take up (시간을) 차지하다 symptom 증상 generate
(결과·상태 등을) 야기하다 detect (정체를) 탐지하다 disturbance 장애 tissue 생물 조직 in accordance with …에 따라서

my candle burning, and have been as anxious as a young wife. I have had neighbors who felt nothing but hatred and neighbors who were involved in a passionate love affair.* Or I experienced the moment when one emotion abruptly* turned into the other, and sleep was unthinkable. In fact this led me to notice that sleep is much less frequent than people generally suppose. My two neighbors in St. Petersburg, for example, attached very little importance to* sleep. One of them stood and played the violin. I am sure that as he played he looked into the too-awake houses that never stopped being brightly lit during those beautiful August nights. As to my neighbor on the right, I know at least that he lay in bed. In my time,* indeed, he no longer got up at all. He even kept his eyes closed, but you could not say that he slept. He lay there and recited* long poems.

Solitary people are spoken about but not often understood. Many people have never seen one, or simply hate them without knowing them. These people have been the neighbors of a solitary man and exhausted him and been the voices in the next room that tempted him. They have made trouble for him. Children bullied the solitary one when he was a tender* child. And with every growth he grew up against the grown-ups. They tracked him to* his hiding place like a hunted beast, and he was hunted throughout his long youth. When he got away and refused to surrender, they called him strange and were suspicious of him. When he would not listen to them, they treated him as if he had a contagious disease* and threw stones at him to drive him away. Their ancient instinct was right for he really was their enemy.

But then when he did not look up, they began to think. They suspected that in all this they had been acting as he had wanted them to. They had been strengthening him in his solitude and helping him to separate from them forever. Now they changed their tactics* and picked up their final weapon. This was the other form of resistance, the deadliest of all. It was fame. And at this

---

love affair 연애 사건 abruptly 갑작스레 attach importance to …에 중요성을 두다 in one's time …가 살아있는 동안에 recite …을 암송하다 tender 연약한 track A to B A를 B까지 추적하다 contagious disease 전염성 질환 tactics 전술

noise, there was hardly a single one who did not look up and let himself be distracted.

Chapter 20

Last night I remembered a little green book I had as a boy. It did not interest me when I got it, and I did not read it until several years later. Then it became very important to me. Even the way it looked was meaningful. The green cover seemed to mean something. Then came the smooth white flyleaf and then the mysterious title page. There should have been illustrations in it by the way it looked, but there were none. But somehow[*] making up for[*] that was the narrow, fragile and rose-colored bookmark.[*] It had lain between the same pages since God knows when. Perhaps the bookmark had never been used. The bookbinder[*] had quickly put it in without looking. Or perhaps its position was no accident.[*] Maybe someone had ceased reading at that point and never read again. Maybe fate had knocked on his door at that moment to occupy him so that he went off far away from all books. After all, books are not life. It was impossible for me to tell if the book had been read further. I imagined that maybe someone had simply opened to this passage again and again, probably late at night. In any case, I felt a little shy before those two marked pages as one feels standing before a mirror while being watched. It was not very thick but there were a lot of stories in it. In the afternoon there was always a story that I had not read yet.

It is good to recognize that certain facts will never change. One must face the facts[*] without condemning[*] them or even judging them. So it has become clear to me that I was never a good reader. As a child, I thought that reading was a profession which would have to be taken on[*] at some future time. I did not know exactly when this would happen, but I would notice when my life moved into adulthood. I did not think life

---

somehow 그럭저럭   make up for ⋯을 보상하다   bookmark 서표
bookbinder 제본업자   be no accident 우연이 아니다   face the fact 사실
을 받아들이다   condemn 비난하다   take on (일 등을) 떠맡다

would become simple, but it would be understandable. Everything in childhood that had been mysterious would become clear. Life would be more about external* events than feelings from within myself. I saw that grown-up people had few troubles. They did things easily. If they ever had difficulties, it was with external circumstances.

I postponed serious reading while I waited for this change to come. Then I would treat books like friends. I would spend a little time with them that would pass pleasantly. Naturally some books would be more appealing* to me than others. Then sometimes I may lose half an hour and miss a walk, an appointment, the opening of a play or writing an important letter.

I mention these symptoms because I myself experienced them during the vacation at Ulsgaard when I suddenly discovered reading. I had begun to read before I felt the change to adulthood I was expecting. But the year I spent at the Young Noblemen's Academy, among so many boys of about my own age, had made me distrustful of such calculation.* There were a number of sudden, unexpected experiences that had overtaken me. It was obvious that those experiences treated me like an adult. But I felt the mysteries of my childhood had not been solved. If I tried to tell myself my childhood was past, then my whole future would disappear as well. Then I would be left with only the ground beneath my feet to stand on like a toy soldier.

This discovery made me feel different from others. I thought about myself a lot and was filled with a kind of ultimate* joy which I mistook for sadness because I was too young to understand. I remember that I was afraid of missing something about adulthood, so when I returned to Ulsgaard and saw all the books, I began to read with great haste. It was almost as if I had a guilty conscience.* I also felt that I had no right to open books unless I promised to read them all. With every line I was breaking off a part of the world.* It was a whole* world before books came, and perhaps it would again be that way afterward. But how could I, who did not

---

external 외부의 appealing 마음을 끄는 calculation 계산 ultimate 최고의 have a guilty conscience 양심의 가책을 느끼다 With every ~ the world. 한 줄 한 줄 읽을 때마다 나는 세계의 일부분을 (간접) 경험한다. whole 완전한

know how to read, read them all? There were so many of them, even in our small library. I stubbornly threw myself from book to book. I battled through their pages. I read Schiller and Baggesen, Oehlenschläger and Schack-Staffeldt, Walter Scott and Calderón. I read some books I should have read earlier and some books I should have read later.

In later years I sometimes woke up late at night. The stars were so bright, real and meaningful that I wondered why I had made myself miss so much of the world around me. I had a similar feeling back then whenever I looked up from the books and glanced outside, where Abelone called. It seemed quite surprising to us that she had to call and I did not even answer. This was in the middle of our happiest time. But since the fever* had now taken hold of* me, I clung to my reading and hid from our daily holidays. I was unskilled at taking advantage of the many opportunities of enjoying a natural happiness. I accepted our growing disagreement* and expected future reconciliations.*

The woman who loves always rises above the

man she loves. Her happiness comes from her devotion.* It wants to be infinite. But the nameless suffering of love has always been this infinite devotion that she must restrict. There is no other thing than this grief that has ever been grieved by women. The first two letters of Héloïse contain only this grief, and five hundred years later it rises from the letters of the Portuguese nun. It is as recognizable* as a birdcall.*

Chapter 21

I have never dared to buy a newspaper from him. I am not even sure that he always has some with him as he shuffles* outside the Luxembourg Gardens all evening long. He turns his back to the wall and runs his hand along the stone.* He presses himself so flat against the

---

fever 열광, 흥분상태 take hold of …을 조종 (장악) 하다 disagreement 불화 reconciliation 화해 devotion 헌신 recognizable 분간할 수 있는 birdcall 새소리 shuffle 발을 질질 끌며 걷다 runs his hand along the stone 손으로 돌담을 문지르며 간다

wall that every day many people must pass who have never even seen him. He has a very quiet voice like the noise in a lamp or in a stove or the sound of dripping[*] water. People pass by him all the time without noticing him, because this man is as quiet as a shadow, and as quiet as the passing of time.

I am ashamed to write down that when I came near, I pretended I did not know about him. Then I heard him say, "La Presse" and repeat it. The people near me looked around to see who spoke. Only I acted as if I had heard nothing and was in more of a hurry than anyone else and busy thinking about something.

And in fact I was thinking. I was busy picturing him in my mind. I had decided to imagine him and I broke out in a sweat[*] at the effort. It helped me a little to think of those little ivory[*] Christs that lie about in antique shops.[*] I did this simply to imagine the angle[*] of his long face, the shadows under his cheeks and his expression of painful blindness.[*] I imagined his shirt collar curving around his long and thin neck without touching it, his loose green tie and his old stiff hat. Through my cowardly refusal to look at this man I had imagined him in such detail that an image of him might come to my mind at any moment. The image was so miserable that I decided the reality of the man would be easier to bear than my imagination. It was evening. I decided to walk slowly past him and look closely.

I should tell you that spring was approaching. The wind of the day had fallen, and the side streets were quiet and contented.* The houses gleamed like light, white metal. The broad streets were full of strolling* people, so it must have been a Sunday. The towers of Saint-Sulpice looked peaceful and unexpectedly high in the still air. In the Luxembourg Gardens and out front of them it was so busy that I did not recognize him right away.*

I knew immediately that the reality of him was much worse than I had imagined. His misery was far worse. I had not imagined the terror that seemed to fill the inside of his eyelids.* Possibly he had memories, but now nothing was added to

---

dripping 방울져 떨어지는 break out in a sweat 진땀(식은 땀)이 나다
ivory 상아 antique shop 골동품 상점 angle 각도 blindness 실명
contented 만족한 strolling 한가로이(이리저리) 거니는 right away 즉시
eyelid 눈꺼풀

his soul any more. I stood still and watched him. I felt that he was wearing a special Sunday hat, a cheap straw one with a green band. This color means nothing of course. The only reason I mention it is that he could not see it himself and gain pleasure from it. Could any of the people crowded around have known that his Sunday hat was for them?

Lord, it struck me like a thunderbolt.* This is how you are. This was a proof of your existence. I have forgotten them all because there would be too much responsibility if I was certain you existed. This was to your liking.* This gave you pleasure. We should learn to endure and not to judge. Only you really know what the grievous* things are and what the gracious* things are.

When winter comes again, I need a new coat. God grant that* I may wear it like that man for as long as it is new.

I would like new clothes. Not because I want to look different from the poor, but because I am not really like them. I do not have their strength. I eat three meals a day but they seem to survive without food as if they were immortal.* They stand in the street every day even in November, and do not cry out against the winter. Fog comes and makes them appear vague* and uncertain, but they continue to exist. They live.

This city is full of people who are slowly becoming poor. Most of them resist at first, but there are some who seem to fall without a struggle. These are the strong girls who have never been loved.

Perhaps you want me, Lord, to leave everything behind and love them. Otherwise why do I find it so difficult not to follow them when they pass me? Why do I invent the sweetest words to say to them at night? Why do I imagine holding them with great tenderness? They have never fallen far from a very high hope, so they are not broken, but they are hurt. In the evenings only stray* cats come to them in their rooms and secretly rub against* them and lie sleeping on them. Sometimes I follow one of these women for a couple of streets until they vanish into the crowd.

---

thunderbolt 번개 to one's liking ···의 마음 (취향)에 들어 grievous 비통한 gracious 자비로운 God grant that 신이여 ···하게 해주옵소서 immortal 불멸의 vague 분명치 않은 stray 길 잃은 rub against ···에 문지르다

But I know that if someone tried to love one of these women, they would weigh too heavily upon* him. I believe that only Jesus could bear them. But these women do not matter much to him. Only those who love can seduce* him, not those who wait with a small talent for being loved.

Those who are loved live poorly and in great danger. Those who love are completely secure. They are trusted and unable to betray themselves.* Their loves cry out of them like the song of a nightingale. They long for only one person, but the whole of nature unites with* them. Their longing is eternal. They hurl themselves after the one they love, but even with their first steps they overtake him and before them is only God.

I remember finding a jewelry box at home one day long ago. I opened it. It was empty, containing only velvet. There was a slight dent* in the velvet where the jewel had once been. Perhaps life becomes like that for those who are loved and remain behind.

Look back through your diaries. Was there a

time when spring struck you as a reproach? You wanted to be glad, but when you stepped out into the open,* a kind of astonishment in the air made you uncertain. The garden was beginning afresh,* but you were dragging the winter and the year that had passed into it. For you the spring was just a continuation.* While you waited for your soul to take part in spring, your limbs suddenly felt heavy, and you felt the possibility of becoming ill. You blamed your light clothes, buttoned up your jacket and then ran up to the end of the drive. You stood there with a beating heart, determined to be at one with* spring. But a bird sang, a lonely bird, and it denied you. Ah, should you have been dead?

Perhaps. Blossoms and fruit become ripe* and fall, but we who have a relationship with God need more time. We cannot finish and start again. We need more time. What is a year to us? What are all the years? Before we have even seriously approached God, we are praying to

---

weigh heavily on ···을 무겁게 짓누르다, 몹시 괴롭히다　seduce 유혹하다
betray oneself 본심을 드러내다, 정체가 드러나다　unite with ···와 하나가 되다
dent 움푹 들어간 곳　the open 야외　begin afresh 다시 시작하다　con-
tinuation 연장　at one with (···와) 일치하여, 협력하여　ripe 익은

him, "Let me survive this night, and then illness, and then love."

Chapter 22

Abelone, in recent years I unexpectedly[*] understood you after I had long ceased to think of you.

It was in Venice in the fall. I was in one of those salons where passing foreigners gather around the lady of the house[*] who is as foreign as they are. These people stand around with their teacups in hand. They are delighted whenever a fellow guest turns around and swiftly gestures toward the door, and whispers a name that sounds Venetian. They are prepared for the strangest names, so nothing can surprise them. Even if their experience of life is very modest,[*] in this city they casually accept the most extravagant[*] possibilities. In their normal life they constantly confuse the extraordinary with the forbidden. So the expectation of something wonderful, which they now allow themselves in Venice, stamps their faces with* an expression of recklessness.* The emotion which at home they only rarely feel at concerts or alone with a novel, they openly express all the time in these encouraging* surroundings. They totally abandon themselves in music as if it were a lover. They abandon themselves to the thrill of the gondola. Married couples no longer young, who during their whole vacation have argued with one another, sink into silent agreement. The husband is overcome with the pleasant weariness while the wife feels young again and smiles at the lazy natives. If one listens, it appears that they are leaving tomorrow or the day after or at the end of the week without understanding the secret of Venice at all.

So I stood among them and rejoiced that I was not going away like a tourist. Soon it would be cold. The soft Venice of their fantasies disappears with those foreigners. And one morning the other Venice is there, the real Venice, awake,

---

unexpectedly 갑자기 the lady of the house 안주인 modest 소박한
extravagant 지나친 stamp one's face with …이 얼굴에 생생히 드러나다
recklessness 무모함 encouraging 신나는, 용기를 주는

fragile as glass, and not in the least dreamlike. This Venice, deliberately* stood on sinking ground, created by force. This is inventive state* that traded the salt and glass of its poverty for the treasures of the nations. This Venice, beautiful counterbalance* of the world, stands full of hidden energies down to its very ornaments.

The realization that only I knew this city among all these deluded* people hit me so strongly that I looked up wondering how I could unburden myself. Was it possible that in these rooms there was not one person who was waiting to learn about the true nature of Venice? Maybe there was a young man somewhere. He would understand that I was offering him more than just enjoyment but a rare and valuable insight. I moved around the rooms. The truth within me made me restless. I wanted to express it, defend it, and demonstrate it.

In this ridiculous mood I saw her. She was standing alone in the dazzling light of a window watching me. She was not exactly looking with her eyes which were serious and thoughtful. It sounds strange, but she was looking at me with her mouth which ironically imitated the irritated expression of my face. I felt at once the impatient tension in my face and relaxed it. Then her mouth returned to its natural expression. After a moment, we smiled to each other simultaneously.

She reminded me of a certain youthful portrait of the beautiful Benedicte von Qualen. One could not look at the dark silence of her eyes without suspecting the clear darkness of her voice. Her braided hair and the neckline of her dress were in the Copenhagen style, so I made up my mind to speak to her in Danish.

I was moving toward her when a stream of people* pressed toward* her from the other side of the room. An excited countess, warm, enthusiastic and scatterbrained,* accompanied by her guests, leaped upon* her. They wanted to carry her off* to sing. I was sure the young girl would excuse herself on the grounds that no one there would be interested in listening to singing in Danish. This she did when she was finally able to speak. The crowd around this radiant figure

---

deliberately 고의적으로   state 나라, 국가   counterbalance 평형추 deluded 현혹된   stream of people 끊임없이 이어지는 사람들   press toward …쪽으로 몰려들다   scatterbrained 주의력이 산만한   leap upon …에게 달려들다 (뛰어들다)   carry... off …을 데려가다

became more urgent. Someone knew that she also sang German. "And Italian, too," a laughing voice added. I could not think of an excuse to help her, but I was sure she would hold out.* An expression of embarrassment had already spread over the faces* of those requesting her to sing. They looked tired from too much smiling. The countess had already stepped back to preserve her dignity.* Then, when it was completely unnecessary, she agreed to sing. I went pale with disappointment. I turned away. There was no use* letting her see that. However, she freed herself from the others, and in an instant she was beside me. The flowery perfume of her warmth enveloped* me.

"I am really going to sing," she said in Danish, close to my cheek, "not because they wish it, nor for the sake of* appearance,* but because at this moment I must sing."

Her voice was filled with the same irritation* she had lifted me from a moment ago.

I joined the group of people who followed her. But near a high door I remained behind allowing the others to move around and get themselves seated. I leaned against the black door and wait-

"I am really going to sing," she said,
close to my cheek, "at this moment I must sing."

---

hold out (뜻을 굽히지 않고) 버티다   spread over the face (표정이) 얼굴에 번
지다   preserve one's dignity 품위를 지키다   there is no use ...ing …해
도 소용 없다   envelop …을 감싸다   for the sake of …을 위해   appear-
ance 체면   irritation 흥분, 짜증

ed. Someone asked what was going on, whether there was to be singing. I pretended I did not know. As I told the lie, she had began to sing.

I could not see her at first. Then gradually the circle around her cleared[*] for one of those Italian songs that foreigners think are authentic.[*] She sang it but did not believe in it. With a great effort she worked through it. When it finished, I was sad and ashamed. People applauded then began to move around, and I decided to leave.

But all at once there was silence. It was a silence which did not seem possible. It lasted, it grew tenser, and now that voice rose through it. The voice reminded me of Abelone's voice. This time it was powerful and yet not heavy. She sang an unknown German song. She sang it simply. She sang,

> You whom I don't tell that every night
> for your sake, I can't rest.
> You who make me as soft and light
> as a babe[*] on its mother's breast.
> You who for my sake don't reveal[*]
> that you reach out for[*] sleep in vain.[*]
> Shall we continue to feel

this glorious pain
or shall we make ourselves numb?
(A short pause, and then hesitatingly)
Look at the lovers, whenever they start
confessing what is deep in their heart,
what liars they soon become.

Again the silence. Then the people stirred,[*]
pushed one another, apologized and coughed.
Everyone was about to talk when suddenly the
voice broke out,[*] firm[*] and intense,

When you leave me alone, you are part of the
world for me.
You change into all things, you enter the
sound of the sea
or the scent of flowers in the evening air.

My arms have held them and lost them,
again and again.
You, only, are always reborn and the moment

---

clear 물러나다 authentic 진정한 babe 갓난아기 reveal 속마음을 드러내다
reach out for …을 얻으려고 애쓰다 in vain 헛되이 stir 움직이기 시작하다
break out (목소리가) 터져 나오다 firm 단호한

when

    I let go of you, I hold on to you everywhere.[*]

No one had expected it. They all stood silently beneath that voice. In the end her assurance was so great that it seemed she had known for years that at that moment she would have to sing.

I have sometimes wondered why Abelone did not devote her powerful feelings to God. I know she longed to remove her love of anything passive. But could her heart be deceived in thinking that God is only a direction, and not an object of love? Didn't she know that there was no reason to be afraid of any love in return from him? Didn't she know that she had enough time to give her whole heart? Or did she want to avoid Christ? Was she afraid that, stopped by him halfway along, she would become a beloved?

He who was a helper for the weak is an injustice for the strong souls. When they were expecting nothing but the endless path before heaven, a human figure came to meet them. He gave them with shelter and troubled them with maleness.[*] His heart's powerfully refracting lens[*] once again gathers their already parallel* heart rays. They, whom the angels were hoping to keep intact* for God, are consumed in the dryness of their longing.

To be loved is to be consumed. To love is to give eternal light. To be loved is to pass away. To love is to live on.

Chapter 23

I believe that the story of the Prodigal Son* is about someone who did not want to be loved. When he was a child, everybody in the house loved him. He grew up knowing only this and felt at home* in the warmth of their love.

But as a boy he began to feel differently. He could not have put it into words,* but when he wandered around outside all day, he did not want the dogs with him. It was because they also

---

I hold ~ you everywhere. 그대는 어디에서나 내 마음속에 있습니다. maleness 남성적임 refracting lens 굴절 렌즈 parallel 평행의 keep intact 손상되지 않게 (온전하게) 두다 the Prodigal Son 돌아온 (회개한) 탕아 feel at home 마음이 편안하다 put... into words …을 말로 나타내다

loved him, because in their eyes he could see sympathy[*] and expectancy.[*] What he liked best in those days was the great indifference of heart which sometimes seized him in early mornings when he was out in the fields. It was a feeling of great purity that made him run until he had no breath.[*] It was as if there was no time and he was just an airy part of the huge morning.

Then he would throw himself down behind some bush where he mattered to no one. He became a pirate[*] on the island of Tortuga and he could do whatever he liked. It was possible to become an entire army, or its commander on horseback, or a ship in the ocean, or a dragon. He became whatever he felt like. But the time came when he must return home.

Heavens, there was so much to forget before he got home. It was necessary to forget everything or else he would betray himself when they asked him questions. But no matter how slowly he walked, the roof of his house always came into sight.[*] The highest window kept its eye on[*] him. It felt like someone was standing there. The dogs, who had been waiting all day, ran toward him through the hedges[*] and drove him together into* the one they recognized. The house was the same. Once he entered into the full smell of it, most things had already been decided. Here he was the person they thought he was. From his own little past and their wishes they had made a life. He was a creature belonging to them. He lived day and night under the hope and suspicion* of their love, before their blame or praise.*

It would be useless to try and creep silently upstairs because they would all be in the sitting room. If the door even opened, they would look toward him. Then would come the worst part. They would take him by the hands, pull him over to the table, and all of them ask him in the lamplight. They kept in shadow while the light fell on him alone, and he was ashamed of having a face.

Should he stay at home and live a lie? Should he imitate the life they wanted from him and grow to resemble it exactly?

---

sympathy 호의 expectancy 기대 have no breath 숨이 차다 pirate 해적 come into sight 시야에 들어오다 keep one's eye on …에서 눈을 떼지 않다 hedge 울타리 drive A into B A를 몰아대어 B로 만들다 suspicion 의심 praise 칭찬

No, he would leave. Maybe when they were busy setting up his birthday table with those badly chosen gifts meant to make up for everything else. He would go away forever.

Not until long afterward did he realize that he had decided never to love, in order not to put anyone in the terrible position of being loved. It occurred to him even later that this had been impossible for he had loved and loved again, each time with unspeakable fear for the liberty of the other. Slowly he learned to touch the beloved* woman with rays of his feelings instead of consuming her in his feelings. But in the end he felt that this only increased his desire to possess* her totally.

He wept with yearning* some nights to be touched by such rays himself. But a woman loved, who accepts love, is still far from being a woman who loves. He thought of romantic poets who fear nothing more than* having their love answered. He also feared this. He became anxious from day to day* that a woman might try to love him. He thought it was impossible to find a lover who could pierce him.

Poverty* began to terrify him daily. He shuddered at the rubbish[*] to which he had been abandoned because he himself felt like rubbish. Yet, even then, his greatest terror was that someone might respond to his love.

Who could describe what change occurred inside him? What poet has the power to express the length of his days? What artist could capture his small figure and the spaciousness[*] of his gigantic nights?

That was the time when he began to feel like a patient slowly recovering. He did not love unless it was to love being alive. The affection[*] of others did not come too close to him. It was soft like light falling through clouds and shimmered softly around him.

His life began its long love of God. For the first time a growing desire filled his heart to be answered in love. His years of solitude[*] made him certain that God knew how to love with radiant love. But while he longed to be loved in a masterly way, he was also aware of the

---

beloved 가장 사랑하는 possess 소유하다 yearning 동경, 열망 nothing more than 오직 from day to day 나날이 poverty 가난 rubbish 쓰레기 spaciousness 광활함 affection 애정 solitude 고독

extreme remoteness[*] of God. Some nights he wanted to fling himself into space toward God. Those nights were hours full of discovery, hours when he felt strong enough to pull the earth with the storm tide[*] of his heart. He was like someone who hears a glorious language and desperately wants to write it down and create with it. Later he would feel dismay[*] when he realized how difficult this language was. He was like a runner who becomes slowed down by deep water and struggles to keep running. He felt humiliated.[*] He had to transform the swiftly given gold of his happiness into the lumpy[*] lead of patience. But with all this labor and sorrow he was learning to love. He saw how trivial and careless all his previous loves had been. He knew that none of it could have come to anything[*] because he had not worked at it and made it real.

During those years great changes were going on in him. He almost forgot God through all the hard work of approaching him. Sometimes all he hoped for was God's patience. He began to accept pleasure and pain equally, and both became equally nourishing for him. A seed of calm joy was growing inside him. He became focused on learning to master his inner life. He thought mostly of his childhood. The more he thought about it, the more mysterious it seemed to him. All of the memories felt like vague warnings. They seemed almost like the future rather than the past. To revisit the place of his memories and to truly understand them was the reason he returned home. We do not know if he remained at home. We only know that he went back.

At this point everyone who has told this story reminds us of the house as it was then. Only a small amount of time had passed. The dogs were still there though they had grown old. One of them let out* a howl. Faces appeared at the windows, faces that had aged and faces that had grown up. And in one quite old face, recognition shone.* Recognition? Really only recognition? Forgiveness. Forgiveness of what? Love. My God, love.

He, the recognized, did not think this love

---

remoteness 멀리 떨어짐 tide 조수 dismay 낙담 feel humiliated 굴욕감을 느끼다 lumpy 덩어리진 not come to anything 헛수고가 되다 let out (소리 등을) 내지르다 in one ~ recognition shone 무척 나이든 얼굴 하나가 (그를) 알아보고 환해졌다

could still exist. He threw himself at their feet begging them not to love. Scared and unsure,[*] they lifted him to his feet. They understood his request in their own way[*] and forgave him. It must have been a great relief for him to see that they had all misunderstood him.

He was probably able to stay. Everyday he recognized more clearly that the love they were so proud of had nothing to do with him. He almost smiled at their efforts, and it became clear that their love could not reach him.

What did they know of him? He was now terribly difficult to love. He felt that One[*] alone was able to do that task. But He was not willing.

---

unsure 불안정한   in one's own way …의 방식 대로   One 유일한 존재(하느 님을 지칭함)

명작
우리글로
다시읽기

THE NOTEBOOKS OF
MALTE LAURIDS BRIGGE

RAINER MARIA RILKE

1장

P. 14 9월 11일 툴리에 가에서

사람들은 살기 위해 이곳으로 온다. 하지만 내게는 여기서 사람들이 죽는 것 같다. 이곳에는 병원이 많다. 한 남자가 비틀거리다 땅에 쓰러지는 광경을 보았다. 사람들이 남자의 주위로 몰려들어 나는 그 후에 이어질 광경을 보지 않아도 되었다. 높은 담벼락에 의지해 느릿느릿 걷는 임산부를 보았다. 그 벽 너머에는 무엇이 있을까? 나는 지도를 들여다보았다. 병원이었다. 잘됐어, 병원에서 아기를 낳겠군. 생 자크 거리에서 지붕이 둥근 커다란 건물을 보았다. 지도에는 육군병원이라고 나와 있었다. 굳이 이런 정보를 알 필요는 없지만, 알아둬서 나쁠 것도 없다. 거리에서 소독약과 튀긴 음식과 두려움의 냄새가 피어 오르기 시작했다. 여름철에 냄새가 진동하지 않는 도시는 없다. 나는 한 숙박소 앞에 와서 입구에 붙은 가격표를 보았다. 비싸지 않아서 방을 하나 잡았다.

그리고 또 무엇을 보았던가? 유모차에 탄 어린아이를 보았다. 아이는 뚱뚱하고, 녹색빛이 감도는 얼굴에, 이마에는 큼지막한 종기가 하나 나있었다. 아이는 자고 있었다. 입은 벌린 채 소독약과 튀긴 음식과 두려움을 들이마시고 있었다.

P. 15 아이는 그저 숨만 쉬고 있었다. 중요한 것은 목숨을 이어간다는 것이었다. 중요한 것은 그것이었다.

나는 아직도 창문을 열어놓지 않으면 잠을 이루지 못한다. 전차들이 내 방을 곧장 꿰뚫고 지나가는 것 같다. 자동차들도 내 몸 위로 달려간다. 문이 쾅 닫힌다. 어디선가 창문이 깨진다. 큰 파편들이 소리 내어 웃고, 작은 파편들은 낄낄댄다. 그러다 갑작스레 집 안에서 둔탁한 소리가 난다. 누군가가 계단을 올라가고 있다. 그들이 지나가는 데 걸리는 시간이 영원히 끝나지 않을 것만 같다. 길에서 여자아이의 비명소리가 난다. 전차가 요란하게 달려왔다가 다시 멀어진다. 사람들이 달리고 있다. 그들은 서로를 지나쳐간다. 개가 짖는다. 그 소리를 들으니 너무나 안심이 된다! 새벽녘이 되자 수탉이 운다. 이 소리가 나에게 크나큰 위안을 가져다 준다. 그제서야 불현듯 나는 잠이 든다.

소란스럽긴 하지만 여기에서는 정적이 한결 더 처참하다. 큰 화재가 나면 극도의 긴장된 순간이 온다. 물줄기가 뿜어져 나와 떨어진다. 소방관들은 사다리를 오르지 않는다.
P. 16 누구 하나 움직이지 않는다. 그러면 높은 벽이 앞으로 기운다. 화염이 드높이 치솟는다. 모두가 이마를 찡그린 채 서서 무시무시한 굉음이 들리기를 기다린다. 여기서의 정적이란 바로 이런 것이다.

2장

나는 보는 법을 배우고 있다. 왜 그런지는 모르겠으나 모든 것이 과거에 그랬던 것보다 지금 더 깊게 나에게 와닿는 듯 하다. 전에는 존재하는지조차 몰랐던 나의 내면을 발견한 것이다. 이제는 모든 것이 더 깊게 느껴진다.

오늘은 편지를 썼다. 쓰다 보니 이곳에 있은 지 겨우 삼 주밖에 되지 않아서 놀랐다. 시골에서의 삼 주는 하루처럼 짧게 느껴질 텐데. 여기서의 삼 주는 삼 년처럼 길다. 더는 편지를 쓰지 않기로 마음먹었다. 누군가에게 내가 변화하고 있음을 알릴 필요가 있는가? 내가 변하고 있다면 나는 더 이상 예전의 내가 아니다. 내가 그들에게 낯선 존재라면 그들에게 편지를 쓸 수는 없는 노릇이다.

P. 17 전에도 말했었다. 내가 보는 법을 배우고 있노라고. 그렇다. 나는 보기 시작하고 있다. 내게는 힘겨운 시간이지만, 최선을 다하고 있다.

예를 들어, 그전에는 세상에 얼마나 많은 얼굴이 존재하는지 눈여겨본 적이 없었다. 수많은 인간들이 존재하지만 얼굴은 그보다 더 많다. 각각의 사람은 여러 얼굴을 가지고 있다. 어떤 사람들은 같은 얼굴로 여러 해를 지낸다. 그 얼굴은 자연스레 닳고, 때가 묻고, 주름이 잡혀서 갈라지고, 오랜 여행 동안 끼고 있던 장갑처럼 늘어나 버린다. 이런 사람들은 검소하고 단순하다. 그들은 결코 얼굴을 바꾸지 않으며, 심지어는 닦는 일조차 없다. 그들은 생긴 그대로의 얼굴로 족하다고 생각한다. 아니면 그렇지 않다고 증명할 사람이 있겠는가? 하지만 사람들이 여러 개의 얼굴을 지녔기에 의문이 발생한다. 그들은 다른 얼굴로 무엇을 하는 걸까? 그들은 그 얼굴을 보관해둔다. 그러면 그들의 자식들이 그 얼굴을 쓰고 다니게 된다. 가끔은 그들이 키우는 개도 그 얼굴을 쓰고 나간다. 그래서는 안 될 이유가 없지 않은가? 얼굴은 얼굴일 따름이다.

어떤 사람들은 얼굴을 재빨리 차례차례 바꾸어 써서 닳아 버리게 한다. 그들은 처음에는 영원히 바꿔 쓸 만큼 얼굴이 많다고 생각한다.

P. 18 그러다 마흔이 되면 남은 얼굴은 하나뿐이다. 이는 참으로 비극이 아닐 수 없다. 그들은 얼굴을 소중히 여기는 데 익숙치 않다. 그들의 마지막 얼굴은 일주일 만에 닳아서 해지고 만다. 구멍이 숭숭 뚫리고, 여기저기가 종잇장처럼 얇아진다. 그 후 차츰차츰 얼굴이라 할 수 없는 속을 드러내게 되고, 그러면 그들은 그 얼굴 아닌 얼굴을 쓰고 돌아다닌다.

어떤 여자를 보았다. 이 여자는 두 손에 얼굴을 묻은 채 내면 속으로 깊숙이 빠져 있었다. 여자를 본 곳은 노트르담 드 샹 거리 모퉁이였다. 그 여자를 보자마자 나는 발소리를 낮춰 걷기 시작했다. 가난한 사람들이 생각에 잠겨 있을 때는 방해해선 안 된다. 어쩌면 그들에게 어떤 생각이 떠오를지도 모를 일이니까.

거리는 너무도 텅 비어 있었다. 심지어 거리조차도 지루해하고 있었다. 거리는 내 발 밑에서 발걸음을 빼앗아서 요란하게 덜거덕거렸다. 그 여자가 소스라치게 놀라서 너무나 재빠르게 자기 내면에서 빠져나오는 바람에 그녀의 얼굴이 손 안에 남아 있었다. 두 손에 남아 있는 그 텅 빈 형체가 눈에 들어왔다. 얼굴의 안쪽을 바라보는 것은 정말이지 고역이었다. 소름이 끼쳤다. 하지만 얼굴 없이 거죽이 떨어져 나가 벗겨진 머리가 훨씬 더 무시무시했다.

3장

P.19 이 도시에서 병에 걸린다면 끔찍할 것이다. 이 병원은 아주 오래된 건물이다. 심지어는 클로비스 왕 시대에도 이곳에서 사람들이 죽었다. 지금도 여기에 있는 559개의 병상에서 사람들이 죽어나간다. 마치 공장과도 같다.

죽는 사람 수가 어마어마해서 한 개인의 죽음쯤은 간과된다. 하지만 그것은 문젯거리가 아니다. 중요한 것은 양이지 질이 아니다. 오늘날 죽음을 멋지게 마무리 지으려고 애쓰는 사람이 누가 있는가? 아무도 없다. 세세한 부분까지 전부 최고로 꾸민 사치스러운 죽음을 맞을 여유가 있는 부자들조차도 신경쓰지 않기 시작했다. 혼자 죽음을 맞으려는 바람은 갈수록 드물어지고 있다. 머지 않아 혼자만의 죽음은 혼자만의 삶만큼이나 희귀해질 것이다. 사람은 도착한 다음, 이미 기성복처럼 만들어져 있는 삶을 찾고는 입으면 그만이다. 떠나야 하거나 떠나기를 강요 받게 되면 그것도 쉬운 일이다. 어떠한 노력도 필요치 않는다. 사람은 자신의 병에 딸려 오는 죽음을 맞는다. 죽음은 병에 속한 것이지, 병든 사람에게 속한 것이 아니다.

P. 20 지금은 아무도 남아 있지 않은 고향집을 떠올려 보니 옛날이었다면 분명히 사정이 달랐을 것 같다. 그때는 과일 안에 씨가 있듯이 죽음이 내재하고 있음을 알고 있었다. 아이들은 내면에 작은 죽음을, 어른들은 그에 걸맞은 큰 죽음을 지니고 있다. 여자들은 죽음을 자궁 안에, 남자들은 가슴속에 간직하고 있었다. 사람은 죽음을 품고 있었고 그런 믿음으로 인해 존엄성과 자부심을 느꼈다.

시종관이었던 나의 할아버지 브리게 노인도 자기 안에 죽음을 지니고 다녔다. 그것은 얼마나 대단한 죽음이었던가! 그의 죽음은 두 달간 지속됐고, 그 소리가 어찌나 컸던지 멀리 떨어진 영지 내의 농장에까지 들릴 정도였다.

그의 죽음 앞에서 오래된 영지 저택은 너무나 비좁았다. 새로운 방을 만들어야 할 지경이었다. 시종관의 놈이 갈수록 불어난 데다 계속 이 방에서 저 방으로 옮겨지길 원했기 때문이었다. 그러던 어느 날 오후 그가 불같이 화를 냈는데, 이미 방방마다 옮겨 다녀서 집안에 더는 옮겨갈 방이 없었기 때문이었다. 남은 거라곤 그의 성스러운 어머니가 임종을 맞은 방 하나뿐이었다. 그래서 그가 늘 주위에 거느리고 있던 수많은 하인들, 하녀들, 개들까지 모두 함께 위층 방으로 옮겨갈 수밖에 없었다.

P. 21 그 방은 23년 전 그의 어머니가 돌아가실 당시 그대로 보존되어 있었다. 다른 누구도 그 방에 들어갈 수 없었다. 그런데 이제 전부 무리를 지어 사람들이 들이닥쳤다. 커튼이 열어 젖혀졌다. 그러자 여름날 오후의 강

한 햇살이 부끄럽고 겁에 질린 듯한 물품들을 샅샅이 비추더니, 거울에 반사되자 어색하게 몸을 돌렸다. 사람들도 마찬가지였다. 호기심 어린 하녀들은 손으로 무엇을 만지고 있는지조차 몰랐다. 어린 하인들은 보는 것마다 입을 딱 벌렸다. 나이든 하인들은 마침내 이 금단의 방에 들어왔다는 사실이 믿기지 않는 모습이었다.

하지만 개들은 그 방이 몹시 흥미로운 모양이었다. 키가 크고, 홀쭉한 러시아산 울프하운드들은 크고 힘찬 걸음으로 안락의자 뒤에서 부산스럽게 뛰어다녔다. 이들은 문장(紋章) 속의 동물들처럼 뒷발로 서서 앞발을 백금으로 칠한 창문 틀에 걸치고 있었다. 개들은 긴장한 얼굴로 좌우를 두리번거리며 뜰을 내다보았다. 작은 닥스훈트들은 창가에 놓인 널따란 비단 의자에 올라앉아 제법 편안해 보였다. 그리고 골이 난 표정의 붉은 색 세터가 탁자에 부딪히는 바람에 그림이 그려진 쟁반 위에 놓인 찻잔들이 흔들렸다.

P. 22 그렇다, 잠에서 덜 깨어 멍한 상태에 있던 장식품과 가구에는 끔찍한 시간이었다. 누군가 서툰 손길로 책을 펼치자 장미 꽃잎이 떨어져 내려 발밑에 짓밟혔다. 작고 깨어지기 쉬운 물건들은 손에 잡히는 즉시 부서져 황급히 다시 제자리에 놓여졌다. 이따금씩 뭔가가 딱딱한 마룻바닥에 세게 떨어져 깨지거나 금이 갔다.

P. 23 이렇듯 철저하게 보호되어 왔던 방에 이 모든 파괴를 불러온 것이 무엇이냐고 묻는 이가 있었다면 대답은 단 하나, 죽음뿐이었다. 시종관 크리스토프 데트레프 브리게가 울스가르에서 맞은 죽음 말이다.

그는 짙은 푸른색 제복을 입은 채 거대한 몸으로 바닥 한가운데 꼼짝 않고 누워 있었다. 몰라보게 변해버린 그의 커다란 얼굴에 두 눈은 감겨 있었다. 그는 무슨 일이 일어나는지 몰랐다. 하인들이 그를 침대 위에 눕히려 했으나 그는 거부했다. 병이 악화된 이후로 그는 침대라면 질색을 했다. 게다가 방에 있는 침대는 그에게 너무 작았다. 아래층으로 내려가는 것마저 거부해서 카펫 위에 누울 수밖에 없었다.

그래서 이제 그는 거기에 누워 있었고, 혹시 숨을 거둔 것이 아닐까 싶을 정도였다. 날이 서서히 저물자 개들은 문틈으로 한 마리씩 빠져나갔다. 골난 얼굴의 불그레한 세터만이 주인 곁을 지켰다. 개는 넓적한 앞발 하나를 크리스토프 데트레프의 거대한 잿빛 손 위에 올려놓았다. 하인들 대부분은 이제 방 안보다 밝은 복도에 나가 서 있었다.

P. 24 방안에 남은 이들은 방 한가운데 누운 거대하고 시커먼 몸체를 흘깃거렸다. 그들은 그것이 썩어가는 커다란 물건 위에 덮어놓은 담요에 지나지 않기를 바랐다.

하지만 더 남은 게 있었다. 7주 전에는 아무도 들어보지 못했던 바로 그 목소리였다. 이는 크리스토프 데트레프의 목소리가 아니라 크리스토프 데트레프의 죽음의 목소리였다.

크리스토프 데트레프의 죽음이 울스가르에 살기 시작한 것도 이제 여러 날 되었으며, 누구에게든 명령을 내렸다. 그 죽음은 푸른 방으로, 작은 응접실로, 큰 홀로 옮겨달라는 명령을 내렸다. 개들을 데려오라는 명령, 사람들에게 웃으라, 말하라, 조용히 하라는 명령을 내렸고, 이 모든 것을 동시에 요구하기도 했다. 친구들과, 여인들과, 이미 고인이 된 사람들을 만나게 해달라고 했고, 자기도 죽고 싶다고 했다. 요구하면서 고함을 질러댔다.

밤이 되었고, 불침번 순서가 아닌 하인들은 지친 몸으로 잠을 청했다. 하지만 크리스토프 데트레프의 죽음이 너무도 오래, 끊임없이 소리를 질러대며, 신음하고, 울부짖었다. 개들도 처음에는 그를 따라 함께 짖어대다가 잠잠해졌고 감히 엎드려 누울 엄두도 내지 못했다. 개들은 길고 가느다란 다리를 덜덜 떨며 선 채 겁에 질려 있었다. 그의 소리는 덴마크의 은빛 여름 밤을 뚫고 마을까지 들렸다.

P. 25 마을 사람들은 잠자리에서 일어나 옷을 챙겨 입고, 그 소리가 멈출 때까지 등불 주위에 둘러앉아 있었다. 산달이 가까운 임산부들은 가장 멀리 떨어진 조용한 방에 눕혔다. 하지만 거기까지도 소리가 들리자 등불 주위로 가서 다른 사람들과 함께 있게 해달라고 사정했다. 하필 그때 새끼를 낳던 암소들은 어찌할 바를 몰랐다. 결국 그들 중 하나의 몸에서 죽은 새끼가 찢겨져 나왔다. 누구든 낮에는 일을 형편없이 하고, 건초를 들이는 것도 잊었다. 낮 동안 다가올 밤을 두려워하느라고 지칠 대로 지쳐 있었기 때문이었다.

일요일마다 평화로운 교회에 갈 때면 그들은 더 이상 울스가르 저택에 주인이 없게 해달라고 기도했다. 지금의 주인은 끔찍했다. 목사조차도 같은 생각이었다. 그도 더는 잠을 이룰 수 없었고, 하느님을 이해할 수 없었기 때문이었다. 심지어 젊은이 한 명은 영지 저택으로 가서 쇠스랑으로 주인을 찔러 죽이는 꿈을 꾸었다.

P. 26 모두가 짜증이 날 대로 나 있는 상태여서 전부 그의 꿈 이야기를 들으며 그 젊은이가 실제로 주인을 죽였더라면 하고 바라는 마음이 들었다. 몇 주 전만 해도 시종관은 그 지방 전체에서 사랑과 동정을 받던 사람이었다. 하지만 사람들이 그의 죽음에 대해 떠들어봤자 변하는 것은 전혀 없었다. 울스가르에 사는 크리스토프 데트레프의 죽음은 서둘러 물러가지 않았다. 10주간 머물 작정으로 왔고, 그대로 10주간 머물렀다. 그 기간 동안 죽음은 크리스토프 데트레프가 그랬던 것보다 더 주인 행세를 했다. 그것은 후세에 폭군으로 길이 남을 왕과도 같았다.

그것은 단순히 환자 한 명의 죽음이 아니었다. 그것은 시종관이 일생 동안 내면에 간직하며 길러왔던 사악하면서도 장엄한 죽음이었다. 그가 병이 들기 전까지 소모하지 못하고 남아 있던 자존심과 의지력, 기쁨과 활력이 모두 그의 죽음 속으로 빠져들었다.

4장

P. 27 나는 불안감을 이겨내기 위해 행동에 나섰다. 밤새도록 앉아서 글을 썼고 지금은 울스가르의 들판을 누비며 산책을 한 후처럼 기분 좋은 피로감에 젖어 있다. 모든 것이 변해버렸다는 사실이 아직도 실감나지 않는다. 이제 그 오랜 영지 저택에는 낯선 사람들이 산다. 아마도 지금쯤 하녀들이 위층 지붕 밑 하얀 방에서 자고 있을지도 모른다.

나는 가진 것도 없고 아는 사람도 없다. 여행용 가방 하나와 책 한 상자만 달랑 들고 딱히 이렇다 할 호기심도 없이 세상을 떠돌고 있다. 집도 없고, 상속받은 것도 없다니 도대체 무슨 삶이 이렇단 말인가? 추억만이라도 있었더라면 좋으련만. 하지만 그런 것을 가진 사람은 내가 아닌 다른 사람이다. 나의 어린 시절은 땅에 묻혀버린 것만 같다. 그 모든 추억에 이르려면 나이를 먹어야 하나보다. 나이 드는 것은 분명히 바람직하다는 생각이 든다.

오늘 아침은 아름다운 가을 날씨였다. 나는 공원을 가로질러 걸었다.

P. 28 동쪽에 있는 것은 무엇이든 햇살을 받아 눈부시게 빛났다. 잿빛 아지랑이가 여기저기서 피어났다. 저쪽 길 아래에는 다음과 같은 광경이 보인다. 작은 외바퀴 손수레를 밀고 가는 여인네. 그 손수레 앞에는 손풍금이 있다. 그 손풍금 뒤로는 아기 바구니가 있고, 바구니 안에는 무척이나 앙증맞은 아이가 튼튼한 두 다리로 버티고 서 있다. 행복에 겨워 앉으려 하지 않는다. 이따금 여인이 손풍금의 손잡이를 돌린다. 그 소리에 어린아이는 바구니 안에서 발을 구른다.

이제 내가 보는 법을 배우고 있으므로 무슨 일이라도 해야겠다는 생각이 든다. 나는 28살이고, 지금까지 이뤄놓은 것이 없다. 화가 카르파초에 관한 연구서를 썼지만 졸작이다. '결혼'이라는 제목의 희곡도 한 편 썼는데 무언가 그릇된 것을 증명해 보겠답시고 막연하게 시작한 것이고, 시도 몇 편 썼다. 아! 하지만 시란 젊어서 쓰게 되면 별볼일이 없다. 사람은 모름지기 한평생, 그것도 이왕이면 오래 살면서 기다림 속에 분별과 온화함을 축적해야 한다. 그 다음에, 인생의 저 끝에 가서야 괜찮은 시를 열 줄 정도 쓸까 말까 하다. 시란 사람들이 생각하는 것처럼 단지 감정만으로 짓는 것이 아니다. 시는 경험에서 나온다.

P. 29 단 한 줄의 시를 쓰기 위해서도 수많은 도시와 사람과 사물을 접해야 한다. 동물들과 아침에 피어나는 작은 꽃들에 대해서도 알아야 한다. 시인은 되짚어볼 줄 알아야 한다. 머나먼 장소에 있는 길들, 예기치 못한 만남들, 오래도록 가까워오는 것을 지켜본 이별들. 아직도 설명할 길 없는 유년의 날들. 부모님이 우리를 기쁘게 해주셨지만 우리가 그 마음을 받아드리지 못해서 부모님을 속상하게 만든 일. 조용하고 한적한 방에서 보낸 나날들. 바닷가에서 보낸 아침들, 바다 그 자체, 온갖 별들과 함께 달려나가고 날아오르며 여행길에서 보낸 밤들. 하지만 비록 이 모든 것을 떠올릴 수 있다 해도 아직 충분치 않다. 제각기 달랐던 모습의 수많은 사랑의 밤들에 대한 추억이 있어야 한다. 산고를 겪는 여인들의 비명, 막 아기를 낳아 다시 몸이 닫히며 창백한 얼굴로 잠이 든 여인들에 대한 추억도 말이다. 또한 열린 창문으로 멀리서 들려오는 웅성임이 전해지는 방안에서 죽은 사람 옆에 앉아 있어 보기도 해야 한다.

P. 30 그러나 추억이 있는 것만으로도 아직 충분치 않다. 추억이 많으면 잊을 줄 알아야 하고, 추억이 되살아날 때까지 참을성 있게 기다릴 줄도 알아야 한다. 추억 그 자체는 중요한 것이 아니기 때문이다. 그 추억이 우리 안에서 피가 되고, 시선과 몸짓이 되고, 우리 스스로와 구분이 되지 않을 때, 그때서야 시의 첫마디가 추억들 사이에서 솟아난다. 하지만 내가 쓴 시들은 모두 그와는 다르게 생겨났다. 그러니 그것들은 시가 아니다.

우스운 일이다. 난 여기 내 방에 앉아 있는데, 아무것도 아닌 존재이다. 그런데 이 아무것도 아닌 존재가 파리에서 잔뜩 흐린 오후에 5층 방에서 생각하기 시작한다.

내가 현실적이고 중요한 그 무엇도 보지도, 알지도, 말하지도 않았다는 것이 가능한 일일까? 관찰하고, 사유하고, 글을 쓸 시간이 그렇게 많았는데 이 시간을 허비해 버렸다는 것이 가능한 일일까?

그렇다, 가능한 일이다.

많은 발견과 진보에도 불구하고, 문화와 종교, 지혜를 가졌음에도 불구하고 내가 인생의 표면만 겉돌았다는 것이 가능한 일일까?

그렇다, 가능한 일이다.

세계 역사 전체가 잘못 이해되어왔다는 것이 가능한 일일까?

P. 31 그렇다, 가능한 일이다.

사람들이 존재한 적도 없는 과거를 정확하게 아는 것이 가능한 일일까? 그들에게 현실은 무의미할 수 있는가? 삶은 빈 방의 시계처럼 그 어떤 것과도 분리된 채 그저 흘러가 버릴 수 있단 말인가?

그렇다, 가능한 일이다.

하느님을 이용하지 않으면서 하느님을 가슴에 품고 있다는 것이 가능한 일일까?

그렇다, 가능한 일이다.

하지만 이 모두가 가능하다면, 그렇다면 분명 무슨 일이든지 행해야 한다. 누군가가 무엇인가 시작해야 한다. 그저 아무라도 좋다. 반드시 최고의 적임자일 필요는 없다. 만약 마땅히 아무도 없다면, 이 젊고 보잘것없는 덴마크인 브리게가 방에 앉아서 밤낮없이 글을 써야만 할 것이다. 그렇다, 글

172

을 써야만 할 것이다.

5장

P. 32 국립도서관에서

나는 여기 앉아서 한 시인의 시를 읽고 있다. 열람실에는 사람들이 많지만 나는 그들의 존재를 느끼지 못한다. 그들은 책에 빠져 있다. 그들은 잠에 빠진 사람들이 두 가지 꿈 사이에서 몸을 뒤척이듯이 가끔씩 책장을 뒤척인다. 오, 책 읽는 사람들 사이에 있으니 얼마나 좋은가. 왜 사람들은 언제나 지금 같지 못한가? 이들 중 한 사람에게 다가가서 살짝 건드려 보아라. 그는 아무것도 느끼지 못한다. 어쩌다가 옆사람과 부딪혀 사과를 해도, 그는 고개를 까딱하면서 당신 쪽으로 얼굴을 돌리지만 당신을 보지는 않는다. 이 얼마나 마음이 놓이는 일인가. 그리고 나는 시인과 함께 앉아 있다. 얼마나 행운인가. 지금 열람실 안에는 어림잡아 300명의 사람들이 책을 읽고 있다. 그들 각자가 시인과 함께 있기란 불가능한데 시인이 300명이나 되지는 않을 테니 말이다. 그러니 내가 얼마나 운이 좋은 사람인가. 여기서 책을 읽는 사람들 중에서 아마 내가 가장 가난할 테고, 거기다 외국인인 데도 나는 시인을 차지하고 있다.

내가 매일 입는 옷은 여기저기 해지기 시작하고 있으며, 구두도 좀 지저분하다.

P. 33 사실 옷깃은 말끔하고, 셔츠도 깨끗하지만 말이다. 이 옷차림으로 나는 번화가의 어느 고급 제과점에라도 들어가서 태연하게 손을 뻗어 케이크를 꺼낼 수 있다. 누구도 그런 나의 모습에 놀라지 않을 것이다. 나에게 소리를 지르거나 나가달라고 하지도 않을 것이다. 내 손은 존경할 만한 손이며, 하루에도 너덧 번이나 씻는다. 손톱 밑에노 때 하나 없다. 잉크 자국두 묻어 있지 않다. 특히나 손목은 티 하나 없이 깨끗하다. 가난한 사람들은 그런 데까지 씻지 않는다. 그것은 누구나 아는 사실이다. 내 손목이 깨끗한 것을 보고 누군가는 그런 결론을 내릴 수 있을 것이다. 실제 사람들도 그렇다. 하지만 생 미셸 대로와 라신 가에서는 내 손목 정도에 속아넘어가지 않는 사람들이 있다. 그들은 내 손목에는 전혀 아랑곳하지 않는다. 그들은 나를

쳐다보기만 해도 알아차린다. 그들은 내가 자신들처럼 지극히 가난한 인간이고 다만 연기를 좀 하고 있을 뿐임을 안다. 그들은 슬며시 히죽거리며 눈을 찡긋한다. 그들이 어떻게 내 정체를 파악할까? 내 턱수염이 좀 텁수룩하고, 그들의 병들고 나이 들어 희끗희끗해진 수염과 아주, 아주 약간 닮은 구석이 있는 것은 사실이다.

P. 34 하지만 나에게 수염에 별 신경을 쓰지 않을 권리도 없단 말인가? 바쁜 많은 사람들이 수염에 신경 쓰지 못하지만 그렇다고 부랑자 취급을 받지는 않는다.

아무도 신경 쓰지 않는 시골의 폐가에서 살 수 있었다면 나는 시인이 되었을지도 모른다. 내게는 햇빛 잘 드는 지붕 아래 방 한 칸만으로 충분했을 것이다. 오래된 물건들과 가족의 초상화들, 책들을 가져다 놓고 거기서 살았을 텐데. 안락의자 하나에다 꽃들과 개들, 그리고 돌이 많은 길을 걸을 때 필요한 지팡이 하나면 족했을 것이다. 다른 것은 더 필요치 않았을 것이다. 다만 상아빛 가죽으로 장정을 하고 면지는 고풍스런 꽃 그림으로 장식된 책 한 권이면 족하다. 그 책에 나는 많은 것을 썼겠지. 내게는 생각도 많고, 무수한 사람들에 대한 추억도 있었을 테니 말이다.

하지만 사정이 달라졌다. 헛간에 쌓아놓은 낡은 가구들은 썩어가고 있다. 나 자신은 머리 위를 가릴 지붕도 없어 내리는 비가 고스란히 두 눈 속으로 들이친다.

6장

P. 35 때때로 나는 센 강가에 늘어선 작은 가게들을 지나간다. 그곳에는 골동품상이며, 작은 중고책방, 또는 판화 가게들이 즐비한데 가게의 진열창에는 물건들이 빼곡히 들어차있다. 가게 안으로 들어가는 사람은 아무도 없고, 장사도 전혀 안 되는 것 같다. 하지만 누군가 안을 들여다 보면 가게 주인이 거기 앉아 있다. 무사태평하게 앉아서 책을 읽고 있다. 그들은 내일 일은 걱정하지 않고 장사로 성공하려 안달복달하지도 않는다. 온순한 개가 주인 곁에 앉아 있거나, 고양이가 줄지어 꽂혀있는 책들 사이로 미끄러지듯

움직이면 가게 안의 정적은 한결 더 심화된다.

아, 이것으로 족할 수 있다면 좋으련만. 나는 가끔 진열창에 물건이 가득 걸린 가게를 하나 사서 20년동안 그 창 뒤에 개와 함께 앉아 있었으면 하는 바람을 가져본다.

P. 36 "아무 일도 없다."라고 큰소리로 말하는 것은 좋은 방법이다. 다시 한 번 말해보자. "아무 일도 없다." 도움이 되는가?

난로에서 다시 연기가 피어오르기 시작했지만, 그다지 심각한 문제는 아니다. 지치고 추위에 떠는 것도 대수롭지 않다. 모두 온종일 거리를 헤매고 다닌 내 책임이다. 루브르 박물관에 앉아 있을 수도 있었는데 말이다. 하지만 그럴 수 없었다. 그곳에 몸을 녹이러 오는 특정 부류의 사람들이 있다. 그들은 벨벳을 씌운 긴 의자에 앉아 난방기 가까이에 발을 댄다. 그들은 박물관 경비원들이 들여보내 주기만 해도 고마워 마지않는 가난한 사람들이다. 내가 들어서자 그들은 고개를 살짝 끄덕인다. 그런 다음 그림들 사이를 왔다갔다하는 나를 지켜본다. 그러니 내가 루브르에 가지 않은 것은 잘한 일이다. 나는 멈추지 않고 길을 누비고 다녔다. 얼마나 많은 시가지들과, 묘지들과, 다리들을 지났는지는 하늘만이 아실 노릇이다. 어딘가에서 채소 수레를 밀고 가는 한 남자를 보았다. 그는 "콜리플라워 사세요, 콜리플라워 사세요."라고 외치고 있었다. 그의 뒤로 뼈가 앙상하고 흉한 몰골의 여자가 걸어가며 이따금씩 그를 쿡쿡 찔렀다. 여자가 찌를 때면 남자는 소리를 질렀다. 남자가 장님이라고 내가 말했던가? 하지 않았나? 어쨌든, 그는 장님이었다. 이야기의 핵심이 무엇인가? 수레인가 아니면 외치는 소리인가? 가장 중요한 것은 그 모두가 내게 어떤 의미를 갖느냐이다.

P. 37 나는 한 나이든 남자 장님이 소리치는 것을 보았다. 나는 그것을 보았다. 나는 보았다.

더 이상 그 자리에 없는 집들을 보았다. 정확히 말하자면 부서진 집들이었다. 그곳에 남은 것은 옆에 서 있던 높은 집들뿐이었다. 그 집들은 기대고 있던 집들이 없어진 지금 무너져 내릴 위기에 처한 듯이 보였다. 그러나 이 외벽들이 완전히 드러난 것은 아니었다. 외벽은 사라진 집들의 낡은 내벽이었다. 벽지와 바닥과 천장의 남은 자재, 그리고 예전에 물이 센 적이 있는 수도관의 녹물 자국이 보였다. 이 방들의 끈질긴 삶은 아직 헐리지 않았다. 아직 그곳에 남아 있었다. 아직 박혀있는 못들에 걸려 있었다. 손바닥 크기만큼 남아있는 방바닥 위에 서 있었다. 조금이나마 남아 있는 내부의 모서리 틈새 아래에도 웅크리고 있었다. 해마다 조금씩 빛이 퇴색된 페인트 속에도 보였다. 푸른색은 곰팡이가 핀 녹색으로, 녹색은 회색으로, 그리고 노란색은 낡고 썩어가는 흰색으로 바랜 색들. 그런데 그 삶은 거울이나 그림, 옷장 뒤의 좀 더 깨끗하게 유지된 부분에도 남아 있었다.

P. 38 그리고 한때 파란색, 녹색, 노란색이었던 이 벽들에서 한때 그곳에 살았던 인생들의 숨결이 스며 나왔다. 그것은 바람이 흩어놓지 못한 축축하고 곰팡내 나는 숨결이었다. 그곳에는 질병들과 내쉰 숨과, 여러 해 동안 밴 연기와, 겨드랑이 땀내와, 더운 발 냄새가 피어났다. 오줌 지린내와 그을음이 풍기는 냄새, 감자에서 나는 회색 악취와 오래된 기름에서 나는 악취도 남아 있었다. 혼자 남은 젖먹이에게서 나는 달콤한 냄새와 학생들이 두려움에 떠는 냄새도 났다. 이런 냄새에 아래위의 길에서 올라오는 더 많은 냄새가 더해졌다. 항상 같은 길에 머물러 있는 약하고 길들여진 바람이 실어온 냄새도 있었다. 그리고 어디서 풍겨오는지 모를 냄새들도 많았다.

마지막 벽만 남기고 모든 벽이 헐렸다는 말을 했던가? 지금까지 내내 말하던 것은 바로 이 벽에 대한 것이다. 내가 그 앞에 오랫동안 서 있었을 거라고 생각하겠지만, 난 그 벽을 알아보기가 무섭게 뜀박질을 치기 시작했다. 내가 그 벽을 알아보았다는 사실이 끔찍하다. 나는 여기 있는 모든 존재를 알아본다. 그래서 그것들이 곧바로 내 안으로 들어와 편히 자리를 잡는다.

P. 40 이 모든 일 이후 나는 지쳐버렸고 어쩌면 기진맥진해버렸다고도 할 수 있다. 축제인 데다가 저녁시간이어서 거리마다 사람들이 넘쳐났다. 모두들 서로 몸을 밀치며 거리를 쏘다녔다. 길거리 노점에서 비치는 불빛이 사람들의 얼굴 가득 비췄다. 벌어진 상처에서 나오는 고름처럼 사람들의 입에서 부글거리며 웃음이 뿜어져 나왔다. 내가 초조해져 사람들을 헤치고 나가려 하자 그들은 더 웃어대며 내 주위로 더욱 밀착해 몰려들었다. 그러다가 어떤 여자의 솔이 내게 걸렸다. 내가 그 여자를 뒤에 매달고 가자 사람들이 걸음을 멈추고 웃어댔다. 나도 웃어야 한다고 느꼈지만 그럴 수가 없었다. 누군가 색종이 조각을 던져 내 눈은 채찍을 맞은 듯 화끈거렸다. 횡단보도

마다 사람들이 빈틈없이 꽉 들어차서 서로 세게 밀쳐댔다. 나는 미친 사람처럼 군중 사이로 틈이 생긴 보도 가장자리를 따라 내달렸다. 땀이 흥건히 났고, 핏속에 엄청나게 커다란 덩어리가 흘러가는 것처럼 온몸에 끔찍한 고통이 일었다. 공기란 공기는 전부 바닥나서 이미 내쉰 쾨쾨한 공기를 들이마시는 느낌이었다.

하지만 이제 끝났다. 나는 살아남았다. 나는 내 방 등불 옆에 앉아 있다. 방은 조금 춥다. 하지만 난로를 피울 엄두가 나지 않는다. 연기가 나면 어쩔 수 없이 다시 밖으로 나가야 하기 때문이다.

P. 41 나는 앉아서 이런 생각을 한다. 내가 가난하지 않다면, 여기 이 가구들처럼 낡지도 않고, 이전에 세입자들의 흔적들로 도배가 되다시피 한 가구가 없는 다른 방을 얻을 텐데. 처음에는 이 안락의자에 머리를 대고 있기도 여간 힘든 것이 아니었다. 의자의 녹색 덮개 위에 기름기가 배어 회색 빛이 도는 움푹 팬 곳이 있는데 그 구멍은 어느 누구의 머리에도 맞을 것 같다. 한동안은 머리 뒤에 손수건을 대고 앉았지만, 지금은 그러기엔 너무나 지쳐버렸다. 앉아보니 그대로도 괜찮고, 살짝 들어간 부분이 마치 맞춤인 듯 내 뒤통수에 정확히 들어맞았다. 내가 가난하지 않다면 무엇보다 먼저 좋은 난로를 하나 사겠다. 그리고 산에서 잘라온 깨끗하고 화력이 센 장작을 땔 것이다. 여기 있는 형편 없는 나무는 연기가 나서 숨이 막히고, 머리를 어지럽게 한다. 돈을 지불하고 사람을 내 방에 불러 시끄럽게 법석 떨지 않고 청소하라고 한 다음 내가 원하는 방식대로 불을 때달라고 할 것이다. 불 앞에 무릎을 꿇고 앉아서 15분 동안이나 불을 쑤셔야 할 때면 눈에서는 눈물이 흐르고, 이마는 가까이 타오르는 불꽃에 그을린다.

P. 42 그러면 그날 하루를 위해 비축해둔 힘이 몽땅 소진되어 버린다. 나는 마차를 타고서 밀리는 인파를 헤치고 달리고도 싶다. 매일 고급 식당에서 식사를 하고, 싸구려 음식점에 슬그머니 들어가지 않아도 될 것이다.

이제 내 방에 앉아 있다. 조용히 있었던 일을 되짚어본다. 세세한 부분까지 모두 기억나서 불명확한 부분이 없어지는 것은 기분 좋은 일이다. 그렇다, 나는 그 음식점 안으로 들어갔고, 처음에는 내가 항상 앉던 자리에 다른 사람이 앉은 것을 보았을 뿐이었다. 나는 계산대 쪽으로 고갯짓을 하고, 주문한 다음, 그 사람 옆자리에 앉았다. 그런데 그가 미동도 않는데 그의 존재가 느껴졌다. 우리 둘 사이에 일종의 유대관계가 형성되었고 나는 그가 공포에 질려 몸이 굳어 있음을 알았다. 어쩌면 그의 혈관 하나가 터져버렸는지도 모른다. 바로 그 순간, 무시무시한 독이 그의 심장에 흘러 들었을 수도 있다. 또는 세상을 변화시키는 어떤 태양과 같은 거대한 혹이 그의 뇌 속에서 솟아올랐을 수도 있다. 나는 그를 쳐다보려고 이루 말할 수 없이 애를 썼다. 계속 이것이 상상에 불과하기를 바랐다.

그러다가 나는 벌떡 일어나서 뛰쳐나가 버렸다. 내 생각이 틀리지 않았기 때문이었다. 그는 두꺼운 검정색 겨울 외투를 입고 거기에 앉아 있었다. 긴장된 잿빛 얼굴은 목도리 속에 파묻혀 있었다. 그의 입은 엄청난 힘에 의해 닫혀진 것처럼 꽉 다물어져 있었는데, 두 눈은 뜨고 있는지 아닌지 알 길이 없었다.

P. 43 남자의 두 눈을 가린 안경은 김이 서려 회색이 된 채 파르르 떨렸다. 퀭한 관자놀이 위를 덮은 긴 머리카락은 강렬한 열기에 데인 듯 축 늘어져 있었다. 길고 누런 귀 뒤에는 커다란 그림자가 드리워져 있었다. 그렇다, 그는 자신이 인간들뿐만 아니라 모든 것으로부터 멀어져 가고 있음을 알고 있었다. 한 순간만 지나면 모든 것이 그 의미를 잃고 말 것이다. 탁자와 컵과, 그가 매달려 있다시피 한 의자와, 근처에 있는 모든 일상적인 것들이 이해할 수 없고 낯설고 힘겨운 것이 되고 말 것이다. 그는 거기 앉아서 그 일이 실현되기를 기다리고 있었다. 그리고 더 이상 저항하지도 않았다.

나는 아직 죽음에 저항하고 있다. 내 심장이 이미 기력을 잃어가고 있기에 그리 오래 살지 못할 것임을 알면서도 저항하고 있다. 나는 "아무 일도 없다."라고 혼잣말을 한다. 하지만 내가 그 남자를 이해할 수 있었던 것은 내 안에서도 그 무엇인가가 변화하고 있었기 때문이었다. 그 변화는 나를 모든 것으로부터 멀어지게 하고 갈라놓기 시작하고 있다.

P. 44 사람들이 죽어갈 때는 누구도 알아보지 못한다는 이야기를 듣고 늘 섬뜩했다. 나는 늘 베개에서 고개를 들며 눈에 익은 무엇인가를 찾아보지만 아무것도 찾지 못한 외로운 얼굴을 떠올려 본다. 나는 이런 변화가 두렵다. 이 세상이 좋아 보이기는 하지만 익숙해지려면 아직 멀었다. 다른 세상에서라고 내가 무엇을 할 수 있겠는가? 차라리 나와 정이 든 사물들 사이에 머물고 싶다. 하지만 무엇인가 변해야 하더라도 최소한 개들과 함께 지내게 되

었으면 좋겠다. 개들의 세계는 우리의 세계와 비슷하니까.

나는 앞으로 얼마간 계속 글을 써서 나 자신을 표현할 수 있을 것이다. 하지만 내 손이 내게서 멀어지는 날이 올 것이다. 손에게 글을 쓰라고 해도 손이 내가 의도하지 않은 말을 쓰게 될 것이다. 지금과는 다르게 해석될 날이 올 것이고, 그때가 되면 모든 의미는 구름처럼 산산이 흩어져 비처럼 내릴 것이다. 두렵긴 하지만 내가 위대한 무언가의 앞에 서 있다고 느껴진다. 아, 내게 그저 조금만 더 허락된다면, 내가 이 모든 것을 이해하고 인정할 수 있을 텐데. 단지 한 걸음만 내디디면 깊은 고통은 환희로 바뀔 텐데. 하지만 그 걸음을 뗄 수가 없다. 나는 넘어져 몸이 부서져 버렸기에 다시 일어설 수도 없다.

7장

P. 45 의사는 나를 이해하지 못했다. 내 문제를 설명하기란 분명 쉽지 않다. 쪽지 한 장을 받았다. 1시까지 병원으로 나와야 한다는 내용이었고, 나는 시간에 맞춰 갔다. 길게 줄지어 선 건물들을 지나고 여러 개의 뜰을 지나야 했다. 이윽고 녹색의 흐릿한 유리가 끼워진 창이 네 개 나 있는, 길고 좁은 방으로 들어갔다. 창문 밑에 놓인 긴 나무 의자에 사람들이 앉아 기다렸다. 어두컴컴한 방 안에 눈이 적응되자, 어깨를 맞대고 끝도 없이 줄지어 앉은 이 사람들 중에 숙련공들, 여자 청소부들, 트럭 운전수들이 보였다. 시계를 보았다. 1시 5분 전이었다. 5분에서 10분 정도가 지나면 내 차례가 올 것이므로 그 정도는 견딜 만했다. 실내 공기는 불쾌하고 무거웠고 더러운 옷가지에서 나는 냄새와 사람들 입 냄새가 고약했다.

P. 46 코를 찌르는 강렬하고 차가운 에테르 냄새가 문틈으로 새어 나왔다. 나는 방 안을 서성이기 시작했다. 나를 이런 류의 사람들로 북적대는 일반 대기실에 보낸 것이었다. 내가 부랑자에 불과함이 처음 공식적으로 확인되는 순간이었다. 의사가 나의 차림새를 보고 알았을까? 하지만 가진 옷 중 가장 좋은 옷을 입고 진찰을 받았고 명함도 전달했었다. 어쨌든 의사는 눈치챘다. 내 정체가 들통난 것이 틀림없다. 그렇지만, 내가 부랑자 부류에 속한다는 것이 이왕 기정사실이 되고 보니 그다지 끔찍하지는 않았다.

사람들은 조용히 앉아 나에게 관심을 보이지 않았다. 몇몇 사람은 통증이 있는 모양이었다. 손바닥에 머리를 파묻고 있는 남자들도 몇 명 있었다. 깊이 잠들어 있는 사람들도 있었는데 얼굴은 피로에 짓눌려 있었다. 목이 붉게 부어 오른 한 건장한 남자가 몸을 앞으로 구부리고 앉아 바닥을 노려보고 있었다. 그 남자는 이따금 침을 뱉곤 했다. 구석에서는 아이 하나가 훌쩍이고 있었다. 아이는 깡마르고 긴 두 다리를 몸에 바짝 붙이고 있었는데 마치 다리와 곧 작별을 고하기라도 할 것 같은 모양새였다. 작고 검은 색 꽃으로 장식한 둥근 모자를 쓴 몸집이 작고 얼굴이 파리한 여자는 염증이 생긴 두 눈에서 계속 진물을 흘리면서 고통스러운 미소를 지었다. 그 옆에는 동그랗고 매끄러운 얼굴에, 표정 없는 커다란 눈을 한 소녀가 있었다. 입은 벌어져 있었다.

P. 47 입 속에 희고 끈적해 보이는 잇몸과 상한 이가 보였다. 그리고 붕대를 감은 사람도 많았다. 상처를 잘 감춘 붕대가 있는가 하면, 밑에 있는 것이 훤히 드러나 보이는 붕대도 있고, 풀어진 붕대도 있었다. 그리고 붕대가 감긴 다리 하나가 긴 의자에 앉은 사람들 가운데 툭 튀어나와 있었는데, 그 크기가 거의 사람 한 명만 했다. 머리 전체를 붕대로 겹겹이 감싸고 눈 하나만 내놓은 사람들도 있었는데, 그 눈은 더 이상 딱히 누구의 눈이라고 보기 어려웠다. 나는 왔다갔다하면서 안정을 찾으려 애썼다. 오랜 시간 벽을 바라보았는데, 벽은 천장까지 완전히 이어져 있지는 않았다. 이 벽에 문이 여러 개 달려 있어서 복도와 그 너머의 방이 완전히 분리되지는 않았다. 나는 시계를 들여다보았다. 한 시간이나 어슬렁거린 셈이었다.

얼마 후 의사들이 도착했다. 먼저 젊은 의사 두 명이 무표정한 얼굴로 지나갔고, 마침내 내가 진료를 받았던 의사가 왔다. 그는 밝은 색 장갑을 끼고, 아주 세련된 외투를 입고 있었다. 그는 나를 보자 모자를 살짝 들더니 멍한 표정으로 미소를 지었다.

P. 48 이제 곧 내 이름을 부르겠구나 했지만, 한 시간이 더 흘렀다. 무엇을 하며 시간을 보냈는지 기억도 나지 않는다. 시간은 흘렀다. 더러운 앞치마를 두른 늙은 남자 간호사가 다가오더니 내 어깨를 두드렸다. 나는 방 가운데 한 곳으로 들어갔다. 내 담당 의사와 젊은 동료 의사들이 탁자에 둘러 앉아서 나를 쳐다보았다. 누군가 나에게 의자를 권했다. 여기까지는 좋았다.

이제 이 의사들에게는 시간이 충분치 않았기에 가급적 간단히 내 문제를 설명해야 했다. 기분이 매우 이상했다. 젊은 의사들은 자리에 앉아 그들이 터득한 우월감이 깃든, 직업에서 비롯된 호기심이 담긴 표정으로 나를 바라보았다. 전에 나를 진료했던 의사는 끝이 뾰족한 검은 턱수염을 쓰다듬으며 멍한 표정으로 미소를 지었다. 나는 눈물이 터질 것 같았지만 프랑스어로 말했다. "선생님, 저는 이미 말씀드릴 수 있는 것은 모두 자세히 말씀드렸습니다. 이분들도 아셔야 한다고 생각하신다면, 선생님께서 직접 몇 마디 말로 설명해 주십시오. 저로서는 간단히 몇 마디로 말씀드리기가 몹시 어렵군요." 의사는 정중한 미소를 머금은 채 자리에서 일어섰다. 그는 수련의들과 창가로 가더니, 두 손을 앞뒤로 휘저으며 몇 마디 했다. 3분 후 그 중에서 근시인 남자가 탁자로 되돌아와 말했다. "잠은 잘 주무십니까, 선생님?"

P. 49 "아뇨, 잘 못 잡니다." 그러자 그는 창가에 있는 동료들에게 돌아가 아까보다 더 오래 이야기를 나누었다. 그러다가 의사가 내 쪽으로 몸을 돌려 나중에 다시 부르겠다고 알려주었다. 나는 의사에게 내가 1시에 진료를 받기로 되어 있었다는 사실을 상기시켰다. 그는 미소를 짓더니 자신이 눈코 뜰 새 없이 바쁘다는 표시로 작고 하얀 손을 몇 차례 빠르게 움직였다.

그래서 나는 복도로 나왔는데 복도 공기는 아까보다 훨씬 더 숨막혔다. 나는 기진맥진하긴 했지만 이리저리 걷기 시작했다. 결국 점점 고약해지는 습한 냄새 때문에 어지럼증이 왔다. 나는 현관문 앞에서 걸음을 멈추고 문을 살짝 열었다. 밖은 아직도 해가 남아 있는 오후였고, 그 광경에 제법 기운을 차렸다. 그런데 그렇게 문가에 서 있은지 채 1분도 되지 않아 누군가 나를 부르는 소리가 들렸다. 근처 탁자에 앉아 있던 여자가 나에게 말했다. "누가 당신한테 문을 열라고 했어요?" "갑갑한 공기를 견딜 수가 없어서요." 내가 말했다. "저런, 그것 참 안됐군요. 하지만 문을 열면 안 돼요." 여자가 대꾸했다.

P. 50 "창문은 열어도 됩니까?" 내가 물었다. "아뇨. 그것도 금지예요." 여자의 대답이었다. 그래서 난 다시 왔다갔다하며 걷기로 작정했다. 그런데 이제 이것조차도 탁자에 앉은 여자의 심기를 건드렸다. 그녀는 나에게 앉을 자리가 없어서 그러는지 물었다. 나는 그렇다고 대답했다. 여자는 이리저리 걸어 다니면 안 된다며 자리를 찾아 앉아야 한다고 했다. 찾아보면 앉을 자

리가 있을 거라고 했다. 여자의 말이 옳았다. 무표정한 눈에 잇몸이 썩어가는 소녀의 옆자리가 금세 났다. 나는 당장에라도 무슨 끔찍한 일이 일어날 것 같은 느낌으로 소녀의 옆에 앉았다. 나의 반대쪽 옆에 앉은 사람은 움직이지 않는 엄청나게 큰 덩어리 같았다. 내 쪽에서 보이는 옆 얼굴은 아무런 생김새도, 추억도 없이 텅 비어 있었다. 그의 옷은 관에 뉘인 시체가 입을 법하게 소름 끼치는 수의 같았다. 그의 머리도 장의사가 빗겨놓은 것처럼 보였다. 머리는 박제된 동물의 털처럼 뻣뻣하게 정돈되어 있었다. 나는 이 모두를 면밀히 관찰했다. 그러다 이것이야말로 틀림없이 나에게 운명 지어진 장소라는 생각이 들었다. 마침내 내가 인생에 있어서 머물게 될 바로 그 지점에 이른 것이다.

갑자기 소스라치게 우는 아이 목소리가 들리더니 곧이어 낮게, 소리를 죽이고 우는 소리가 이어졌다.

P. 51 내가 어디에서 나는 소리인지 알아보려고 하는데, 또다시 작은 울음소리가 들려왔다. 질문을 던지는 여러 사람의 목소리가 들렸다. 그런 다음 무슨 기계가 작동을 시작하는 소리가 들리더니 아무렇지도 않은 듯 윙윙거렸다. 나는 낮은 벽을 떠올렸고, 그 소리는 벽에 난 문 너머에서 들리는 것이 분명했다. 그쪽에서 진료가 진행되는 소리였다. 더러운 앞치마를 두른 간호사가 다시 와서 손짓을 했다. 나에게 손짓한 것이었나? 아니었다. 남자 두 명이 휠체어를 가지고 나타났다. 그들은 내 옆의 덩어리를 휠체어에 앉혔다. 보아하니 중풍에 걸린 늙은 남자였다. 그의 다른 쪽 몸은 내 쪽에서 보였던 몸보다 작았는데 삶에 닳아버린 듯했다. 그들은 그를 안으로 밀고 들어갔고, 이제 내 옆에는 자리가 많이 비게 되었다. 나는 앉은 채, 저들이 저 정신지체 소녀에게는 어떤 치료를 할까, 소녀도 비명을 지를까 하는 생각을 했다. 기계는 편안한 기계음을 내며 계속 돌아갔다.

그런데 갑자기 모든 소리가 잠잠해졌다. 오랜 세월 동안 잊혀졌던 해묵은 공포가 다시 나를 엄습했다. 어린 시절 열병에 걸려 침대에 누워있을 때 처음으로 나를 덮쳤던 공포였다.

P. 52 바로 그 '커다란 것'이었다. 그렇다, 나는 언제나 그것을 그렇게 불렀다. 모두가 내 침대 주변에 빙 둘러서서 맥을 짚어보며 무엇에 놀랐는지 물었다. 사람들은 의사를 불렀고 의사가 와서 내게 말을 걸었다. 나는 의사

에게 '커다란 것'이 사라지게 해달라고 애원했고, 그 외에는 아무것도 문제될 것이 없다고 했다. 하지만 의사도 다른 사람들과 다를 바 없었다. 그는 그것을 없애지 못했다. 나중에 그것은 사라졌고, 내가 밤에 열에 시달릴 때도 다시는 나타나지 않았다. 그런데 열도 나지 않았던 그때 거기 나타난 것이었다. 이제 종양처럼, 또 다른 머리처럼 내 속에서 자라나왔다. 내 몸의 일부로 보기에는 너무나 컸지만 어쨌든 나의 한 부분이었다. 그것은 한때 살아 있을 때는 나의 손이나 팔이었지만 지금은 죽어버린 거대한 짐승처럼 그곳에 있었다. 내 피는 마치 하나의 같은 몸 속을 흐르는 것처럼 나뿐만 아니라 그것도 통과해 흘렀다. 게다가 내 심장은 그 '커다란 것'에 피를 흘려 보내기 위해 안간힘을 써야 했는데 피가 그만큼 충분하지 않았기 때문이었다. 그래서 피는 그 '커다란 것'에 억지로 들어가더니 병든 채 되돌아왔다. 하지만 '커다란 것'은 부풀어올라 내 얼굴 위를 덮고, 입 위를 덮으며 커졌다. 이미 가장자리 그림자는 하나밖에 남지 않은 내 눈 위에 드리우고 있었다.

내가 어떻게 그 숱한 뜰을 통과해서 빠져 나왔는지 기억이 나지 않는다.

P. 53 저녁이 되어 있었고 나는 이 낯선 구역에서 길을 잃어 어떤 광장에 이르렀다. 그때까지 본 적도 없었던 수많은 길거리를 걷고, 또 걸었다. 전차들이 밝은 불빛을 내뿜고 달려왔다가 지나가고, 귀에 거슬리도록 요란한 벨소리가 멀리까지 들렸다. 표지판에는 모르는 지명들이 적혀 있었다. 내가 있는 곳이 도시의 어디쯤인지, 어딘가에 방을 잡을 수 있을지, 정처 없는 걸음을 멈추려면 무엇을 해야 할지 알 수 없었다.

8장

나는 침대에 누워 열병을 앓고 있다. 나는 5층 방에 있고 온종일 나를 방해하는 것은 없다. 어린 시절의 공포는 오랫동안 잃어 버렸다가 다시 찾은 물건 같았다. 멀쩡하게 상처 하나 없이 잃어버렸을 때보다 더 활기에 넘쳐 돌아왔다. 내가 잊고 있었던 온갖 공포가 여기 다시 돌아와 있다.

P. 54 그 공포는 담요 밖으로 삐져나온 작은 실이 강철로 된 바늘처럼 단단하고 날카로우면 어쩌나 하는 공포다. 잠옷에 달린 이 작은 단추가 내 머리보다 더 클 것만 같은 공포다. 지금 침대에서 떨어지는 빵 부스러기가 유리

로 변해 바다에서 산산조각이 나는 공포, 그리고 그렇게 되면 모든 것이 영원히 부서져 버릴 것 같은 공포다. 내가 잠이 들면 불 앞에 놓인 석탄 조각을 집어삼키거나 않을까 하는 공포다. 내 머릿속에 숫자 하나가 자라나기 시작해서 몸 속에서 감당하지 못할 정도로 커지지 않을까 하는 공포다. 내가 비밀을 누설하고 그들에게 내가 두려워하는 전부를 털어놓거나 않을까 하는 공포다. 그 어느것도 말로 표현할 수 없어서, 아무말도 할 수 없게 되지 않을까 하는 공포다. 그밖에 다른 공포들… 더 많은 공포들이 있다.

나의 어린 시절이 되살아났다. 그 어린 시절은 옛날만큼이나 고달팠고, 나이가 들어도 별 소용이 없음을 깨달았다.

어제는 열이 좀 내렸고, 오늘은 그림 속 풍경처럼 봄이 시작되고 있다. 국립도서관에 가서 오랫동안 읽지 못했던 시인의 책을 읽으려 한다. 그리고 그 다음에는 천천히 정원을 가로질러 산책을 할 수도 있겠다. 어쩌면 넓은 연못 위로 바람이 불어, 아이들이 붉은 돛이 달린 배를 연못에 띄우고 구경할 수도 있다.

P. 55 오늘은 정말 예상치 못했던 일이 일어났다. 나는 세상에서 가장 단순하고 자연스러운 일을 하듯 아무 생각 없이 산책에 나섰다. 그런데 어떤 일이 벌어졌고, 그 일은 마치 종이조각처럼 나를 움켜잡아서 던져버렸다.

넓은 생 미셸 대로에는 인적이 없었다. 걸어 다니기에는 그만이었다. 머리 위에서 유리가 울리는 소리를 내며 창문들이 열렸고, 그 창들의 반짝임이 하얀 새처럼 길을 가로질러 날아갔다. 환한 붉은색 바퀴를 단 마차가 지나갔다. 번쩍이는 마구를 단 말들이 빠르게 달려갔다. 바람은 경쾌하고, 신선하고, 부드럽게 불었다. 냄새며, 외치는 소리며, 종소리까지 모든 것이 위로 솟아올랐다.

나는 주로 저녁때면 가짜 집시들이 붉은색 재킷을 입고 노니는 카페 중한 곳 앞을 지나쳤다. 후텁지근한 공기가 마치 비양심적인 존재처럼 열린 창문에서 슬며시 스며 나왔다. 윤기나는 머릿결의 종업원들이 카페 문 앞에서 바삐 비질을 했다. 그 중 한 명은 노란색 모래를 한 웅큼씩 탁자 밑으로 던지느라 몸을 구부리고 있었다.

P. 56 행인이 그를 쿡 찌르더니 길 아래쪽을 가리켰다. 그 종업원은 얼굴이

벌개져서 그 방향을 뚫어져라 바라보았다. 그러다가 수염 없는 그의 뺨 위로 확 엎질러진 물처럼 웃음이 번졌다. 그 종업원이 다른 종업원들에게 손짓을 하자 모두 와서 길 아래쪽을 바라보며 웃었다.

나는 속으로 조금씩 불안해지기 시작했다. 나는 무슨 힘인가에 이끌려 길 건너편으로 갔다. 발걸음을 재촉하면서 내 앞의 몇 사람을 흘깃흘깃 살폈지만 특이한 점은 발견되지 않았다. 검은색 외투를 입고 짧은 금발 머리에 검은 모자를 쓴 키 크고 마른 남자 외에 내 앞에 걸어가는 사람은 없었다. 나는 이 남자의 옷이나 행동에서 우스꽝스러운 점이 있는지 살폈다. 나는 이미 그 남자 너머의 대로 아래쪽을 둘러보려 하던 참이었는데 그때 이 남자가 무언가에 걸려 넘어질 듯 휘청였다. 그의 뒤로 바싹 붙어 따라가 보았지만 길 위에는 그가 걸려 넘어질 만한 것은 보이지 않았다. 분명히 아무것도 없었다. 하지만 그 남자는 그곳에 장애물이 있다고 믿는 눈치였다. 또다시 마음속의 무언가가 내게 길 반대편으로 건너가라는 경고를 보냈지만 나는 계속 이 남자를 따라갔다. 나는 무언가 또 다른 일이 이 남자를 괴롭히기 시작했음을 눈치챘다.

P. 57 그의 외투 깃이 세워져 있었는데 다시 접어 내리지 못했다. 남자는 처음에는 한 손으로, 다음에는 동시에 두 손으로 깃을 잡아 내리려 한껏 애를 썼다. 그런 일은 내게 대수롭지 않았다. 그런데 그때 나는 대경실색하고 말았다. 그 남자의 두 손이 바삐 움직이면서 서로 다른 두 가지 동작을 하고 있었기 때문이었다. 하나는 몰래몰래 옷깃을 세우는 동작이었고, 다른 하나는 천천히 그리고 정성스레 옷깃을 접어내리는 동작이었다. 바로 그 순간 어떤 충동이 여기저기서 솟구쳐 나오려고 그의 몸속을 휘젓고 다닌다는 사실을 깨달았다. 그가 사람들을 두려워한다는 것을 알았다. 그가 다시 이상한 뜀박질을 하면 나도 휘청이는 시늉을 할까 생각했다. 그러면 정말로 보도에 작은 장애물이 버티고 있는 것처럼 보일 것이다.

이제 남자는 도움을 받으려는 듯이 지팡이를 양손으로 아주 꽉 움켜쥐었다. 다음 횡단보도에서는 뜀박질을 겨우 두 번 했는데 그쯤이야 전혀 문제가 되지 않았다. 그렇다, 모든 일이 아무 탈없이 흘러가고 있었지만 나의 불안감은 계속 커졌다. 그가 걸으면서 아무렇지도 않게 보이려 끊임없이 노력하는 동안 끔찍한 경련이 그의 몸 안에 쌓이고 있음을 알았다.

P. 58 그리고 몸 속에서 경련이 시작되어 그가 지팡이에 매달리다시피 있는 모습을 보며 내 안의 불안감도 커져 갔다. 그가 두 손으로 지팡이를 쥐어짜듯 너무나 세게 잡은 것을 보고 한눈에 봐도 굳세 보이는 의지력으로 그가 자신을 통제할 수 있기를 바랐다. 하지만 이 상황에서 의지력이 무슨 소용이겠는가? 그 남자의 힘이 바닥나는 순간이 오고야 말 것이다. 지금부터 머지 않아 그 순간이 올 것이다.

생 미셸 광장에는 마차들이 많이 다녔고 사람들도 바쁘게 지나갔다. 우리는 몇 번씩이나 걸음을 멈춰야 했다. 그럴 때면 그는 숨을 들이마시고 좀 쉬면서 살짝살짝 뛰는가 하면 고개를 끄덕거리기도 했다. 두 손으로는 지팡이를 움켜쥔 채 노여운 표정이었다. 우리 둘은 육교를 향해 계속 걸었고 아무 문제도 없었다. 그런데 이제 그의 걸음걸이가 불안정해졌다. 어떤 때는 두 걸음 뛰다가, 또 어떤 때는 꼼짝 않고 멈춰 섰다. 그가 멈춰 섰다. 그의 왼손이 슬그머니 지팡이를 놓더니 올라갔다. 너무나 천천히 올라가서 공중에서 덜덜 떨리는 손의 움직임이 눈에 들어왔다. 그는 모자를 조금 뒤로 젖혔다. 손에 아무것도 쥐지 않은 채 고개를 돌려 하늘과 집들을 물끄러미 바라보았다. 그러다 그는 시선을 떨구었다. 그는 날아오르기라도 하려는 듯이 두 팔을 벌렸다. 그의 몸 안에서 어떤 힘이 솟구쳐 나와 그의 몸을 앞으로 구부리게 하고, 뒤로 끌어당기는가 하면 춤이라도 추는 것처럼 사람들 틈바구니에서 뒤흔들었다.

P. 59 많은 사람들이 그의 주변으로 몰려 들었다. 내게는 더 이상 아무것도 보이지 않았다.

이제 어딘가로 가본들 무슨 의미가 있겠는가? 나는 텅 빈 느낌이었다. 텅 빈 백지처럼 나는 집들을 둥둥 떠가듯 지나쳐서 다시 대로를 올라갔다.

9장

사람들은 형장이나, 고문실, 정신병원, 수술실 같은 장소에서 벌어지는 고통과 공포를 잊고 싶어 한다. 사람들은 이중 대부분을 잊게 되기를 바란다. 잠은 그들의 뇌 속에 새겨진 그런 무늬들을 서서히 지워버리지만, 꿈은 잠을 몰아내고 그 무늬들을 다시 새긴다. 그러면 그들은 깜짝 놀라 숨을 헐

떡이며 잠에서 깬 후, 어둠 속에서 녹고 있는 초의 희미한 빛에 안도한다.

P. 60 얼마나 미미한 안도일 뿐인지! 하지만 눈에 익고, 친근한 데서 금세 악몽이 되살아난다. 공간을 더욱 공허하게 만드는 희미한 빛을 조심하라. 그림자가 마치 너의 지배자처럼 벌떡 솟아오르지나 않는지 보려고 일어나 앉아 뒤를 돌아보지 마라. 어쩌면 어둠 속에 남아 있는 것이 나을지도 모른다. 그러면 너의 무거운 심장이 보이지 않는 모든 것의 일부분으로 남을 수 있게 된다. 이제 당신 안에는 남은 공간이 거의 없다. 엄청나게 큰 것은 그토록 좁은 몸 안에 존재할 수 없다는 생각에 어느 정도 안심이 된다. 하지만 외부에는 공포의 제한이 없다. 그러니 공포가 밖에서 자라나면 당신의 내부도 공포로 가득 차게 된다.

오, 알 수 없는 사물들이 등장하는 어린 시절의 어두운 밤들이여. 오, 바깥으로 향하는 낯선 창문이여. 오, 굳게 닫힌 문들이여. 나는 이런 것들을 다루는 법은 배웠으나 아직 제대로 이해하지는 못한다. 오, 계단의 적막함이여. 적막함은 천장까지 이어진다. 오, 어머니, 오직 당신만이 오래 전 어린 시절 이 적막함을 막아줄 수 있었던 분이었습니다. 당신께서는 그렇게 하셨습니다. 이렇게 말씀하셨지요. "무서워하지 마라, 엄마야." 당신은 성냥을 그어 불을 켜셨고, 그 소리가 당신이 되었습니다. 그리고 당신은 촛불을 들고 이렇게 말씀하셨습니다. "엄마다, 무서워하지 마라." 당신은 촛불을 천천히 내려놓으셨고, 미심쩍은 부분은 전혀 없었습니다.

P. 61 당신은 주변 사물을 친숙하고, 단순하고, 명료하게 만드는 불빛이었습니다. 벽 어딘가에서 이상한 소리가 들리거나, 바닥에서 발소리가 들리면 당신은 그저 미소 지으셨습니다. 불빛 속에서 공포에 질린 얼굴로 당신을 찾는 저를 보고 미소 지으셨습니다. 마치 희미한 소리들을 다 이해하고 그들과 공감을 이루는 듯한 모습이셨습니다. 오, 어머니, 세상의 지배자 중에 그 어떤 권력이 당신과 대적하겠습니까? 당신이 오셔서 그 괴물 같은 공포를 당신 뒤로 가두십니다. 이리저리 들어올릴 수 있는 커튼과 달리 그 공포 앞에 빈틈없이 막아 서십니다. 아닙니다, 당신에게 도움을 요청하는 나의 외침에 그 공포보다 먼저 오셔서 그것을 사로잡아버리십니다. 당신은 벌어질까 겁나는 그 어떤 것들보다 앞서서 오십니다. 그리고 당신 뒤로는 오직 제계로 향하셨던 여정만이 남아 있습니다. 그 여정은 영원한 길이며 당신의

사랑이 날아오는 행로입니다.

10장

P. 62 그때 나는 여자에 대해서는 어떤 것도 제대로 표현할 수 없음을 처음으로 깨닫게 되었다. 사람들이 여자에 대해 말할 때 얼마나 많은 부분을 공허하게 남겨두는지 알았다. 그들은 다른 사람들이나 배경들이나 장소들의 이름을 들먹이면서 묘사를 하다가도 여자의 이야기에 이르면 슬그머니 이야기를 멈췄다. "그녀는 어떤 사람이었나요?" 나는 이렇게 묻곤 했다. 그러면 사람들은 "금발머리에 너와 좀 닮았어."라고 했다. 그러면 나는 그녀를 마음속에 그려볼 수가 없었다. 내가 그녀의 모습을 볼 수 있었던 때는, 어머니를 조르고 졸라 그 이야기를 들을 때뿐이었다.

어머니는 개가 등장하는 장면을 이야기하실 때마다 두 눈을 감으시면서 얼굴을 가리려 하셨다. "나는 그것을 보았단다, 말테야." 어머니가 내게 다짐하듯 말씀하셨다. "난 그걸 보았어." 어머니에게 이 이야기를 들은 것은 어머니가 돌아가시기 전 몇 년 동안이었다. 그때 어머니는 누구도 만나고 싶어하지 않으셨다. 그리고 항상 은으로 만든 촘촘한 채를 가지고 다니시며 음료란 음료는 전부 걸러서 드셨다. 어머니는 딱딱한 음식을 드시지 못했고, 다만 혼자 계실 때는 과자나 빵을 드셨다. 그럴 때 어머니는 어린아이들이 빵 부스러기를 집어먹을 때처럼 과자나 빵을 잘게 부수어 조각들을 하나씩 드셨다.

P. 63 이 당시 어머니의 삶은 바늘에 대한 공포에 질려 있었다. 다른 사람들에게는 그저 "나는 더는 아무것도 소화시키지 못해요. 하지만 염려 마세요. 몸은 아주 건강하답니다."라고 하셨다. 하지만 불현듯 나에게 몸을 돌리시면서 고통스런 미소와 함께 이렇게 말씀하셨다. "바늘이 수도 없이 많구나, 말테야. 사방천지에 놓여 있어." 어머니는 이 말을 농담처럼 하려 애쓰셨다. 하지만 흩어진 그 바늘 전부가 어디선가, 언제라도 떨어질 수 있다는 생각에 공포에 휩싸이셨다.

하지만 어머니가 잉에보르크 이야기를 하실 때는 아무렇지도 않으셨다.

어머니는 큰 소리로 말씀하셨고, 잉에보르크의 웃음을 떠올리시며 본인도 웃으셨는데, 그럴 때면 잉에보르크가 얼마나 사랑스러웠는지 내 눈에도 선했다.

어머니가 말씀하셨다. "그 애는 우리 모두를 행복하게 만들었어. 네 아버지까지도 말이야. 그러다가 그 애가 죽을 거라는 이야기를 들었지. 하지만 우리 모두 그 애에게는 그 사실을 숨겼어. 그러던 어느 날 그 애가 자리에서 일어나 앉아 이렇게 말하더구나. '그렇게 애쓰실 필요 없어요. 우리 모두 아는 사실이잖아요. 제가 여러분의 걱정을 덜어드리죠. 저는 더 이상 바라는 게 없어요.' 한번 상상해 봐라. 그 애가 '저는 더 이상 바라는 게 없어요.' 라고 말하는 모습을. 우리 모두를 행복하게 했던 바로 그 애가 말이야. P. 64 언젠가 너도 어른이 되면 이해할 날이 올 거야, 말테. 나중에 생각해 보렴. 그럼 이해가 갈 거야. 저절로 답이 떠오를 거야. 누군가 그런 일을 이해해 줄 사람이 있다는 건 정말 좋은 것 같구나."

어머니는 혼자 계실 때 '그런 일'에 몰두하셨다. 그리고 말년에는 항상 혼자 계셨다.

"나도 정말이지 그것이 이해가 되지 않는구나, 말테야." 어머니는 가끔 이렇게 말씀하시며 묘한 웃음을 지으셨다. "하지만 알아내고 싶구나. 내가 남자라면, 그래, 내가 남자라면, 그걸 연구해서, 처음부터 제대로 된 순서와 질서에 따라 생각해볼 텐데. 무엇에나 시작은 있기 마련이니까. 아, 말테, 우리는 죽는단다. 우리가 죽을 때도 사람들은 딴 데 정신이 팔리고 또 바빠서 관심을 제대로 기울이지 못하는구나. 별똥별이 떨어지는데 아무도 바라보지 않고, 소원도 빌지 않는 것처럼 말이야. 말테, 반드시 자신을 위한 희망을 가져야 한다. 절대 희망을 포기해서는 안 돼. 인생에서 진정한 성취란 없지만 희망은 있다고 믿는단다. 게다가 희망은 오래 지속되는 거란다. 평생토록 말이야."

사람들은 어머니가 이런 상태가 되신 것은 여동생 올레가르 스켈 백작부인이 끔찍한 죽음을 맞은 이후부터였다고 했다. P. 65 백작부인은 무도회를 앞두고 촛불을 밝힌 거울 앞에서 머리에 꽃을 꽂다가 불에 타 죽었다. 하지만 어머니가 가장 이해하기 어려워하셨던 일은 그 일보다 근래에 일어났는데, 바로 잉에보르크였다.

이제 나는 어머니를 졸라 들은 그대로 이 이야기를 적어보려 한다.

"그때는 한여름이었고, 잉에보르크의 장례식이 끝난 목요일이었단다. 우리는 테라스에 앉아 차를 마시고 있었지. 그곳에서는 높다란 느릅나무들 사이로 조상을 모신 무덤의 지붕이 보였어. 탁자를 내다 놓고, 각자 책이나 바느질거리를 챙겨와서 그 주위에 둘러앉았어. 자리가 좀 비좁기는 했단다. 내 막내 여동생인 아벨로네가 차를 따랐고, 우리는 이것저것 넘겨주느라 전부 정신이 없었어. 너희 할아버지만 의자에 앉아 집 쪽을 바라보셨지. 우편물이 배달될 시간이었거든. 잉에보르크가 우편물을 받아오곤 했었어. 그 애가 병을 앓던 몇 주 동안 그 애가 우편물을 들여오지 않는 것에 충분히 익숙해질 시간이 있었지.

P. 66 게다가 당연히 이제는 그 애가 오지 못하는 걸 알고 있었고 말이야. 그런데 그날 오후에 말이다, 말테야, 그 애가 다시는 올 리가 없었던 그날 말이야, 그 애가 온 거야. 그건 어쩌면 우리의 잘못이었는지도 몰라. 우리가 그 애를 불렀나 봐. 갑자기 무언가 예전 같지 않은 느낌이 들었단다. 정확히 무엇이 달라졌는지 알아내려고 나는 고심하고 있었어. 고개를 들어보니, 다른 사람들은 모두 집 쪽을 쳐다보고 있었어. 특별히 눈에 띄는 모습을 하고서가 아니라 그저 차분히 기다리고 있는 거야. 그 생각을 하면 너무 오싹해진단다, 말테야. 나는 그때 막 '그 애는 어디…?'라고 말하려던 찰나였어. 우리 집 개 카발리에가 예전에 늘 하던 대로 탁자 밑에서 뛰어나와 그 애를 마중하러 달려갔거든.

나는 보았단다, 말테야, 분명히 보았어. 그 애가 오지 않았는데도, 카발리에는 그 애에게 달려간 거야. 개한테는 그 애가 오고 있었던 거지. 우리는 개가 그 애를 맞으러 뛰어가고 있는 걸 알았지. 카발리에는 뭘 물어보려는 듯이 두 번이나 우리를 뒤돌아보았어. 그러더니 늘 그랬던 것처럼 그 애를 향해 돌진했어, 그리고 그 애에게 이르렀어. 거기 있지도 않은 무언가의 주위를 계속 빙글빙글 돌며 껑충껑충 뛰기 시작했지. 그러더니 그 애를 핥으려고 뛰어오르는 거야. 개가 기분이 좋은 듯 낑낑거리는 소리가 들렸지. 껑충거리며 맴을 도는 모양새를 보며 우리 쪽에서는 개가 뛰는 통에 개에 가려서 그 애가 보이지 않는다고 생각될 정도였단다. 그런데 갑작스레 개가 짖는 소리가 들렸어.

190

P. 67 카발리에가 볼품없이 땅으로 떨어지더니 이상하게도 바닥에 납작 드러누워서는 꼼짝도 않는 거야. 말테야, 네 아버지는 동물을 좋아하지 않으셨어. 그런데 그런 분이 천천히 다가가더니 개 쪽으로 몸을 굽히시더구나. 네 아버지께서 하인에게 무슨 말씀인가 하셨어. 하인이 카발리에를 들어올리려고 다가왔지만 네 아버지는 손수 개를 안아서 집 안으로 데리고 들어가셨지."

11장

이제 머나먼 어린 시절에 대해 이야기하려 한다. 이 이야기를 하는 것은 지금이 처음이다. 물론 지금도 나 자신에게 이야기하는 것에 불과하지만. 그림을 그리던 탁자에 몸이 제대로 닿으려면 안락의자 위에 무릎을 꿇고 앉아야 했으니 어렸을 때의 일 같다. 때는 겨울 날 저녁이었다. 내 방에 탁자가 놓여 있었다. 등불이 도화지와 여가정교사의 책을 비췄다. 가정교사는 내 옆에 앉아 책을 읽고 있었다. 그녀는 책을 읽을 때면 다른 먼 곳에 있는 사람 같았다.

P. 68 그녀는 몇 시간이고 책을 읽었다. 나는 느릿느릿 그림을 그렸고, 다음에 뭘 그려야 할지 생각이 나지 않을 때는 그림을 물끄러미 보면서 오른쪽으로 머리를 살짝 기울였다. 그런 자세로 있으면 그림에서 빠진 것이 무엇인지 재빨리 정하는데 도움이 되었다. 나는 말을 타고 전투에 나가는 장교들을 그리고 있었다. 아니면 한창 전투를 벌이는 모습을 그리기도 했다. 그 편이 훨씬 그리기 수월했다. 그저 모든 것을 뒤덮고 있는 연기만 그리면 되었기 때문이었다.

바로 그날 저녁에는 분명히 말을 탄 기사 한 명을 그리고 있었다. 기사는 색깔이 너무 화려해서 크레용을 자주 바꿔야 했다. 나는 빨간색을 가장 많이 사용했다. 나는 빨강색 크레용 쪽으로 연거푸 손을 뻗었다. 다시 한 번 칠하려는데 그 빨강색 크레용이 불빛을 받고 있는 도화지를 똑바로 가로질러 탁자 모서리까지 굴러갔다. 미처 잡을 새도 없이, 크레용은 떨어져서 사라져버렸다. 나는 그 크레용이 정말 당장 필요했지만 그것을 찾으러 탁자 밑으로 기어 내려가는 것은 매우 짜증나는 일이었다. 처음에는 접혀 있던 다리를 펼 수가 없었다. 너무 오래 꿇어앉아 있어서 다리에 감각이 없었다. 어디가 내 몸이고, 어디가 의자인지 분간이 되지 않을 지경이었다. 결국 의자에서 내려왔고, 조금 어리둥절한 기분으로 탁자 밑에서부터 벽까지 죽 깔려있는 양탄자 위에 앉았다.

P. 69 또 다른 난관이 있었다. 내 눈이 탁자 위의 환한 불빛과 하얀 도화지 위의 밝은 색에 익숙해져 있어서 탁자 밑에서는 아무것도 보이지 않았다. 그래서 나는 감각에 의지하기로 했다. 무릎을 꿇은 채 왼손으로 몸을 지탱하면서 오른손으로 차갑고 섬유 조직이 긴 양탄자 위를 이리저리 더듬었다. 하지만 크레용을 찾을 수 없었다. 내가 막 가정교사를 불러 등불을 들어달라고 부탁하려던 참이었다. 그러나 그때 내 눈이 어둠에 적응하는 듯했다. 뒤쪽에 있는 벽과 탁자 다리들이 보였다. 무엇보다도 탁자 밑에서 혼자 움직이고 있는 쫙 펼쳐진 내 손이 눈에 들어왔다. 혼자 그 밑을 더듬고 있는 내 손은 한 번도 가르친 적이 없는 것들을 아는 것 같았다. 나는 앞으로 움직이는 내 손을 따라갔다. 그러는 것이 재미있었다.

그런데 난데없이 벽에서 다른 손 하나가 튀어나와 내 손과 만났다. 그때까지 보아온 손과는 달리 커다랗고 이상하리만치 야윈 손이었다. 그 손은 내 손과 비슷한 동작으로 더듬거리며 왔다.

P. 70 두 개의 쫙 펼쳐진 손이 무턱대고 서로를 향해 움직였다. 내 호기심은 온데간데 없어졌고, 갑작스레 공포만이 남았다. 두 손 중 하나는 내 것이었지만, 곧 영원히 사라져버릴 것만 같았다. 의지력을 총동원해서 손을 천천히 뒤로 끌어당겼다. 그러는 동안 계속 더듬거리며 오는 다른 손에서 눈을 떼지 않았다. 내가 어떻게 다시 위로 올라왔는지 모르겠다. 나는 안락의자에 푹 파묻혀서 이를 딱딱 떨었다. 내 얼굴에서 핏기가 사라져버려 눈 속의 푸른빛도 남지 않았을 것이다. "선생님."하고 부르고 싶었지만 그럴 수 없었다.

P. 71 그러다 가정교사가 나를 보고는 깜짝 놀라 읽던 책을 집어던졌다. 그녀는 의자 옆에 무릎을 꿇고 내 이름을 외쳤다. 그녀가 나를 흔들었다. 있었던 일을 말하고 싶었지만, 어떻게 할 수 있었겠는가?

어린 시절 병을 앓을 때면 오후가 정말 길었다. 밤에 제대로 자지 못하면

늘 그 다음날 아침에 잠이 들었다. 잠에서 깨어나서 다시 아침인가 하고 생각했지만, 사실은 오후였고 내내 그 상태로 오후 시간은 끝나지 않았다. 잘 정돈된 침대에 누워서, 너무나 지친 나머지 어떤 생각도 할 수 없었다. 조금 지나서 기력이 돌아오면 일어나 앉아 병정놀이를 할 수 있었다. 하지만 비스듬한 침대용 탁자 위에서는 병정인형들이 너무 쉽게 넘어졌고, 그럴 때면 항상 줄지어 세운 병정 전부가 한꺼번에 쓰러졌다. 그러면 나는 처음부터 전부 다시 세울 기력이 없었다. 갑자기 너무 힘에 부쳐서 빨리 인형들을 치워달라고 사정했다. 다시금 텅 빈 침대보 위 조금 떨어진 곳에 눈에 띄는 것이라고는 내 두 손뿐이라 좋았다.

가끔 어머니가 오셔서 30분간 동화를 읽어주셨다. 하지만 어머니나 나나 동화를 좋아하지 않는다는 데 의견의 일치를 보았다.

P. 72 우리는 허공을 가르며 나는 것을 대단하게 여기지 않았고, 변신도 그저 표면적인 변화에 지나지 않아 보였다.

하지만 우리를 방해할 사람이 없으리라는 확신이 있고, 밖에 어둠이 내릴 때면 어머니와 나는 추억에 빠져들었다. 그 추억들은 우리 둘이 함께 나눈 것으로 둘 다에게 옛날처럼 느껴져서 미소 짓게 만드는 것이었다. 우리 둘 다 그 이후로 성숙해졌기 때문이었다. 어머니는 내가 딸이었으면 하고 바라셨던 적이 있었던 것으로 기억한다. 어찌된 영문인지 나도 어머니의 이런 마음을 알고 있었다. 가끔 오후에 나는 어머니 방 문을 두드리곤 했다. 그래서 어머니가 누구냐고 물으시면 바깥에서 "소피예요."라고 대답하는 것이 즐거웠다. 작은 목소리를 가냘프게 내느라 목이 간질거릴 정도였다. 어차피 작은 여아용 실내복을 입고 있었으니 나는 그저 소피일 뿐이었다. 그러면 어머니는 개구쟁이 말테로 돌아오면 소피와 혼동되지 않도록 내 머리를 땋아주셔야 했다. 그러나 이것은 바라는 바가 아니었다. 그가 없는 편이 어머니나 소피에게 좋았다. 대화를 하는 동안 소피는 줄곧 높은 목소리로 이야기했는데 내용은 주로 말테의 짓궂은 행동을 늘어놓으며 흉을 보는 것이었다.

P. 74 어머니는 "아 그래, 그 말테 말이로구나."하시며 한숨을 내쉬곤 하셨다. 그리고 소피는 사내아이들에 통달하기라도 한 것처럼 그들이 일반적으로 저지르는 못된 짓거리에 대해 아는 것이 많았다.

"꼬마 소피에게 무슨 일이 생긴 건지 정말 알고 싶구나." 어머니는 우리가 추억담을 나누는 도중에 느닷없이 이렇게 말씀하시곤 하셨다. 당연히 말테는 어머니에게 어떤 답도 드릴 수 없었다. 그러나 어머니가 소피는 죽은 것이 분명하다고 말씀하실 때면 완강하게 반박했다. 비록 증명해 보일 수는 없었지만 말이다.

지금 그때 일을 생각해보면, 열병으로 앓다가 항상 어떻게든 온전히, 그리고 무사히 현실세계로 돌아왔던 것이 놀라울 따름이다. 나는 모든 사람들이 서로 알고, 모든 일이 논리적으로 돌아가는 그런 사회로 돌아왔다. 뭔가 예상되는 일이 있으면 예상대로 되거나 안 되거나 둘 중의 하나였다. 제 3의 경우는 없었다. 세상에는 슬픈 일도 있었고, 즐거운 일도 있었고, 쓸데없는 일도 있기 마련이었다. 당신을 기쁘게 해주려는 일이 생기면 그냥 기쁜 척하면 됐다. 매우 간단한 일이었다. 모든 것이 규칙에 착착 들어맞았다. 밖은 여름인데 진행되는 길고 지루한 수업들.

P. 75 산책하고 나서 그 느낌을 프랑스어로 표현해야 하는 것. 기분이 울적한데도 당신에게 재미있는 사람이라고 말하는 손님들. 그리고 물론 생일도 있다. 내가 알지도 못하는 아이들이 초대받아 오는 생일 말이다. 나를 당혹스럽게 만들고 어리둥절해하는 아이들과, 얼굴을 할퀴고 선물을 망가뜨리는 뻔뻔한 아이들도 왔다. 하지만 나 혼자 놀 때면 이따금 일상의 바깥으로 나갔다. 안전한 세상 너머에서 나는 예측하지 못했던 놀라운 일들을 발견했다.

가정교사는 가끔 편두통을 앓았다. 이런 날이면 나는 눈에 띄지 않는 곳에 있었다. 아버지는 종종 나를 찾으러 마부를 공원으로 내보내셨던 것으로 아는데, 나는 거기 없었다. 위층 손님방에서 마부가 뛰어나가면서 내 이름을 부르는 모습이 보였다. 이런 손님방들은 보통은 비어 있었는데, 손님방 옆에는 널찍한 구석방이 있었고, 나는 그 방에 엄청난 매력을 느꼈다. 그 방에는 낡은 주엘 제독 흉상 외에는 아무것도 없었지만, 속이 깊은 붙박이 벽장이 많았다.

P. 76 이 벽장 중 하나에 꽂혀있는 열쇠를 발견했는데, 다른 벽장들도 이 열쇠로 다 열렸다. 그래서 얼마 지나지 않아 벽장 전부를 살펴보았다. 아름답게 수놓아진 조끼가 달린 18세기 시종관의 예복이 있었다. 다네보르크

훈장과 코끼리 훈장이 달린 제복은 너무 화려하고, 손에 닿는 느낌이 보드라웠다. 그리고 진짜 드레스도 있었는데 오래 전에 유행이 지난 옷들이었다. 목까지 단추가 달린 제복들이 걸려 있어서 문을 열었을 때 어두컴컴한 옷장도 있었다.

나는 벽장 안의 옷을 모조리 끄집어내어 불빛에 비춰보았다. 그 중 몇 벌은 몸에 대보고, 의상 한 벌을 재빨리 입었다. 그런 다음 호기심과 흥분에 휩싸여 가장 가까운 손님방의 녹색 유리로 만든 좁은 거울 앞으로 뛰어갔다. 의상 하나가 사람의 행동에 영향을 미칠 수 있음을 알게 된 것은 그때였다. 이 옷 중 하나를 입자마자 옷의 힘에 압도됐다. 옷은 나의 움직임과, 얼굴 표정과, 그리고 그렇다, 심지어는 생각까지 좌지우지했다. 레이스 소매가 덮인 손은 평상시의 내 손이 아니었다. 내 손은 연기하는 사람마냥 움직였다. 믿기 어렵겠지만, 손이 자신의 움직임을 스스로 지켜보고 있다고 말할 수 있을 정도였다.

P. 78 하지만 이렇게 모습이 여러 가지로 바뀐다고 해서 결코 내 자신이 낯설게 느껴진 것은 아니었다. 사실상 이런 변신이 내가 누구인지를 보다 확실히 깨닫게 해주었다.

나는 한층 더 대담해졌다. 내가 파괴되기 시작한 것은 그 운명적인 날까지 열지 못하고 있었던 마지막 벽장에 이르러서였다. 그 벽장에는 가면 무도회용의 갖가지 의상들과 장신구들로 가득했다. 눈앞에 펼쳐진 놀라운 가능성들에 얼굴이 붉어졌다. 내가 거기서 발견한 것을 모두 기억해내기란 불가능하다. 거기에는 동전들을 꿰매놓아 영롱한 소리를 내는 여성용 드레스와 주름이 잡힌 터키 바지, 그리고 페르시아 모자들이 있었다. 하지만 밝은 곳에 꺼내어 보니 싸구려처럼 초라해 보였다. 가장 흥미로웠던 것은 큼직한 망토와 스카프, 숄 그리고 베일이었다. 그것들을 부드럽게 어루만지는 감촉이 좋았는데, 너무 매끄러워 손에 잘 잡히지도 않았고, 무척 가벼워서 바람처럼 날리는 것 같았다. 그것들을 걸치면 무한한 가능성이 느껴졌다. 노예 소녀가 되고, 잔다르크가 되고, 늙은 왕이 되고, 마법사도 되었으니까. 이 모든 것이 가능했는데 특히나 가면이 있었기 때문이었다. 진짜 턱수염과 높이 치켜 올라간 눈썹을 단 크고 위협적이거나 놀란 표정의 가면들이었다. 그전에는 가면을 본 적이 없었다. 우리 집 개 중에 가면을 쓴 듯한 얼굴을 한 놈이 생각나 웃음이 터져나왔다.

P. 79 항상 털이 덥수룩한 가면 뒤에서 내다보는 듯한 그 개의 다정스런 눈을 떠올렸다. 옷을 입으면서도 계속 웃다 보니 무엇으로 변신하려 했는지 까맣게 잊고 말았다. 상관없었다. 거울 앞에 가서 선 다음 내가 어떤 인물인지 정하는 것도 재미있었다. 내가 쓴 가면은 얼굴에 꽉 끼었지만 앞을 볼 수는 있었다. 그 다음에는 숄을 터번처럼 머리에 둘러 가면의 위쪽과 양 옆을 덮었다. 그런 다음 커다란 노란색 망토를 걸치고 지팡이를 집어들었다. 걷는 것이 쉽지는 않았지만 근엄한 자태로 거울이 있는 손님방으로 갔다.

내 모습은 상상을 초월할 정도로 정말 멋있었고 거울도 그런 내 모습을 당장 비추었다. 너무나 실감나는 모습이어서 동작을 많이 취할 필요도 없었다. 가만히 있기만 해도 완벽한 변신이었다. 하지만 실제로 내가 무엇으로 변신했는지 알고 싶어서 몸을 약간 돌리고 두 팔을 치켜들었다. 바로 이때, 근처에서 무슨 소리가 들렸는데 변장하느라 쓴 것 때문에 희미하게 들렸다. 거울 속의 내 모습은 시야에서 사라졌고, 작고 둥근 탁자를 넘어뜨린 것을 보고 나는 몹시 당황했다.

P. 80 어렵사리 허리를 굽혀서 보니, 모조리 박살 난 듯 했다. 녹색 도자기 앵무새 두 개가 깨졌다. 설상가상으로 떨어진 향수병이 산산조각 나버렸다. 향수병에서 흘러나온 오래된 향수는 깨끗한 마룻바닥에 끔찍한 향수 바다를 이루었다. 나는 온몸에 걸쳐져 있던 무언가로 재빨리 바닥을 훔쳤지만 얼룩은 더 시커멓고 흉측해질 뿐이었다. 다급해졌다. 나는 몸을 일으켜 세워 바닥에 난 얼룩을 지울 만한 것을 찾았다. 하지만 아무것도 찾을 수 없었다. 앞을 보거나 움직이기가 불편했고, 이 어처구니없는 상황에 처해 화가 치밀어 올랐다. 입은 옷을 모조리 잡아당겼지만 옷은 더욱 옥죄어들 뿐이었다. 망토가 목을 졸라왔고, 머리에 감긴 숄도 점점 더 갑갑하게 짓눌렀다. 그리고 방안 공기도 엎질러진 향수 냄새로 안개가 서린 듯 어슴푸레해진 것 같았다.

덥고 화가 나서 거울 앞으로 뛰어가 가면을 통해서 겨우 손을 어디에 놓아야 할지 보았다. 거울이 기다리던 순간이 바로 지금이었다. 거울의 복수의 시간이 온 것이었다. 변장을 벗어버리려고 점점 더 필사적으로 발버둥치는 동안 거울은 나에게 강제로 어떤 상을, 나의 실제 모습을 보여주었다.

P. 81 어찌된 영문인지 알 수 없었지만, 이제는 거울이 강자였고 내가 거울이 되었다. 나는 눈 앞의 이 거대하고 무시무시한 알 수 없는 형체를 뚫어져라 쳐다보았고, 그것과 단 둘이 있자니 끔찍했다. 그러다 최악의 사태가 벌어졌다. 나는 모든 감각을 잃었고, 정말로 나의 존재를 잃었다. 고통스런 1초간, 나의 실제를 미친 듯이 그리워했지만 그곳에는 오직 그 괴물만 있었다. 그곳에는 그 괴물 외에는 아무것도 없었다.

나는 도망쳤다. 하지만 이제 뛰는 것은 그 괴물이었다. 그는 집의 내부를 몰랐고, 어디로 가야 할지도 몰라서 여기저기 다 부딪혔다. 그가 계단을 내려가자 누군가가 비명을 질렀다. 문이 열리더니 여러 사람들이 나왔다. 오, 아는 사람들을 보니 어찌나 마음이 놓이던지. 그 중에는 하녀와 집사도 있었다. 하지만 그들은 냉큼 달려와 구해주지 않았다. 그들은 거기 서서 웃기만 할 뿐이었다. 나는 엉엉 울었지만 가면 때문에 눈물이 밖으로 흘러나가지 않았다. 나는 무릎을 꿇고 두 손을 치켜들어 그들에게 애원했다. "할 수 있다면 날 좀 꺼내줘. 날 살려줘."

P. 82 하지만 그들은 내 소리를 듣지 못했다. 나는 더는 말도 나오지 않았다.

몇 년이 흐른 후에 하녀는 그때 내가 주저앉았던 모습과 그들이 웃음을 멈추지 못했던 이야기를 하곤 했다. 내가 연기를 한다고 생각했다는 것이다. 하지만 나는 그곳에 계속 나뒹군 채 대답도 하지 않았다는 것이다. 급기야 내가 의식을 잃은 것을 깨달은 그들은 겁에 질렸다. 나는 무슨 물건 조각처럼 겹겹이 옷에 싸인 채 거기 누워 있었다.

12장

시간은 쏜살같이 흘렀고, 어느 날 갑자기 목사님이 임종이 임박한 어머니를 뵈러 왔다. 어머니는 차츰 감각을 잃으셨는데, 가장 먼저 잃으신 것은 시력이었다. 때는 가을이었고, 어머니가 병이 드셨고, 아니 당장에라도 돌아가실 것 같은 상태였다. 몸의 표면 전체가 절망적으로 죽어갔다. 의사들이 왔고, 어느 날은 한꺼번에 와서 집안 전체를 차지했다. 몇 시간 동안은 그들이 집의 주인인 듯했다. 하지만 그 후로는 한 번에 한 사람씩만 왔다. 단지

예의상 오는 듯했고, 오면 담배를 받아 피우고, 포르투갈 산 적포도주를 한 잔씩 했다.

P. 83 그리고 어머니가 돌아가셨다.

어느 날 아침 어머니의 하나밖에 없는 남동생인 크리스티안 브라에 백작이 집에 도착했을 때 나는 깜짝 놀랐다. 아버지보다 키가 크고 나이도 더 들어 보였기 때문이었다. 두 분은 어머니에 관해 몇 마디 주고받으셨다. 그 후 잠시 말을 멈추셨던 아버지께서 입을 떼셨다. "누나 몸이 많이 상해 있어요." 나는 그 말이 무슨 뜻인지 이해하지 못했지만 그 말을 듣자 몸이 덜덜 떨렸다. 아버지로서도 그런 말씀을 하시기가 쉽지 않으셨을 것이다. 하지만 가장 힘들었던 것은 당신의 자존심이었을 것이다.

내가 처음으로 아벨로네를 주시하게 된 것은 어머니가 돌아가신 다음 해였다. 아벨로네는 항상 그곳에 있었는데 왜 전에는 인식하지 못했는지 의문이었다. 이미 오래 전부터 그녀가 호의적인 인물이 아니라고 단정했고, 또 그 생각이 바뀔만한 계기도 없었다. 하지만 나는 난데없이 스스로에게 이런 질문을 던졌다. '아벨로네는 왜 여기 있는 거지?'

그녀는 노래를 불렀다. 내 말은 그녀가 가끔 노래를 부르기도 했다는 것이다. 그녀에게는 음악성이 있었다. 천사들이 남자인 것이 사실이라면, 내 생각에 그녀의 목소리에 어떤 남성적인 요소가 있었던 것 같다.

P. 84 그것은 하늘에서 내려온 듯이 광채를 내뿜는 남성성이었다. 나는 어릴 때조차도 음악을 그다지 좋아하지 않았다. 하지만 그녀의 노래는 참고 들었다. 그녀의 노래는 나를 높이높이 고양시켜 천국에 매우 근접해 있다고 생각될 정도였다.

처음 우리의 관계는 아벨로네가 어머니의 어린 시절, 즉 어머니가 춤을 추거나 말을 탈 때 얼마나 용감했는지 이야기를 들려줌으로써 시작되었다. "어머니는 가장 대담했고, 너무도 지칠 줄 모르는 소녀였단다. 그러다 난데 없이 결혼을 한 거야." 아벨로네는 그렇게 오랜 세월이 흐른 후에도 여전히 놀라워했다. "너무나 갑작스레 일어난 일이라 누구도 제대로 이해를 할 수가 없었어."

나는 아벨로네가 왜 결혼을 하지 않았는지 궁금해졌다. 나와 비교해보면 나이가 꽤 많아서, 그녀가 아직 결혼할 수도 있다는 생각은 전혀 하지 못했다.

"결혼할 사람이 없었어." 그녀는 단지 이렇게 대답할 뿐이었는데, 이런 말을 하는 그녀는 정말 아름다웠다. '아벨로네가 아름다운가?' 나는 놀라서 자문했다. 그러다가 나는 집을 떠나 귀족학교에 입학했고, 힘겹고 고통스런 시기가 시작되었다. 하지만 그곳에서 밤이면 다른 아이들로부터 멀찌감치 떨어져 창가에 서 있곤 했는데 그들도 나를 그저 조용히 내버려 두었다. 나는 그때 창문 밖 나무들을 바라보곤 했다. 밤에 그런 순간이면 아벨로네가 아름답다는 확신이 들었다.

P. 86 그래서 그녀에게 비밀 편지들을 쓰기 시작했는데 고향집에 대한 그리움과 학교 생활의 고달픔에 대해 쓴답시고 보낸 것들이었다. 하지만 지금 생각하면 틀림없는 연애편지였다. 마침내 방학이 되어 집으로 돌아갔다. 하지만 우리는 주위에 다른 사람들이 있을 때는 만나지 않았다.

마차가 공원 안으로 접어들자 나는 마차에서 내렸다. 손님처럼 마차를 타고 집 앞까지 가기는 싫어서였다. 한여름이었다. 나는 샛길 중 하나를 택해 노란등 나무를 향해 걸어 내려갔다. 그곳에 아벨로네가 있었다. 아름답고도 아름다운 아벨로네가 있었다.

그대가 나를 바라보던 그 순간을 정녕 잊지 못할 겁니다. 절대로 정의될 수 없는 그 무엇과도 같은 눈길을 들어 고개를 살짝 뒤로 젖힌 채 지긋이 나를 바라보던 그대의 그 눈빛을.

아, 윌스가르 주변 날씨가 우리 두 사람의 따스한 기운으로 온화해지지 않았나요? 지금도 공원의 어떤 장미들은 더 오래, 12월까지도 만개해 있지 않을까요?

아벨로네, 그대에 관한 이야기는 하지 않을 겁니다. 우리가 서로를 속였기 때문은 아닙니다(그때도 그대는 비록 그대가 단 한 번도 잊은 적이 없는 그 누군가를 사랑하고 있었고, 나는 모든 여인들을 사랑했기 때문에). 다만 입밖에 내면 잘못되기만 하기 때문입니다.

P. 87 여기 주단이 있어요, 아벨로네, 벽걸이용 주단입니다. 나는 당신이 여기 있다고 상상합니다. 이곳에 와서 이 주단들 앞으로 함께 천천히 지나

가요. 하지만 우선 한걸음 뒤로 물러서서 이 주단들을 한꺼번에 바라봐요. 참 평화로운 느낌이 듭니다. 주단들은 서로 별 다를 게 없습니다. 주단마다 타원형의 푸른색 섬이 고상한 붉은색 바탕 위에 떠 있지요. 섬에는 꽃들이 만발해 있고, 작은 동물들이 바삐 움직이며 살아요. 다만 저기 가장 끝에 걸려 있는 주단의 섬만 더 가벼워진 것처럼 조금 떠 있군요. 섬마다 여자의 모습이 한 명씩 보이는데, 다양한 옷차림을 하고 있지만 항상 같은 사람이지요. 가끔 여자 옆에 작은 형체가 하나 더 있는데 하녀입니다. 그리고 섬에는 항상 문장(紋章)에 등장하는 동물들이 있는데 커다란 몸집에 그림에서 일정한 역할을 하고 있지요. 왼쪽에는 사자가, 오른쪽에는 유니콘이 한 마리씩 있어요. 이들은 똑같은 깃발을 들고 있는데 깃발이 머리 위로 휘날려요. 본적이 있나요? 첫 번째 주단부터 볼까요?

P. 88 여인이 매에게 모이를 주고 있어요. 그녀의 의상이 얼마나 화려한지 모릅니다! 매는 장갑을 낀 여인의 손에 앉아 있어요. 여인이 새를 지켜보는 동시에 하녀가 모이를 주려고 가져온 그릇 속으로 손을 넣고 있지요. 그 밑 오른쪽에는 비단결 같은 털이 난 개가 여인의 드레스 뒷자락을 깔고 누워서 위를 올려다보며 자신을 기억해 주기를 바라고 있어요. 사자와 유니콘은 문장에 등장하는 동물들이 으레 그렇듯 오만하게 곧추 서 있네요.

두 번째 주단에 가까이 가면 뭔가에 깊이 열중해 있는 여인을 보게 됩니다. 그녀는 꽃으로 작고 동그란 왕관을 엮고 있어요. 여인은 하녀가 받쳐든 납작한 그릇에서 다음에 엮을 카네이션의 색을 신중하게 고르고 있어요. 여인의 뒤에 있는 의자에는 한 바구니 가득 손대지 않은 장미가 담겨있는데 원숭이 한 마리가 뚜껑을 벗겨 놓았어요. 하지만 이번에는 카네이션을 끼워 넣어야 해요. 사자는 더는 나서지 않지만, 오른쪽에 있는 유니콘은 그 이유를 이해하고 있군요.

음악이 이 정적을 깨고 울려야 합니다. 아니면 잔잔한 음악이 벌써 울리는 걸까요? 여인은 조용히 앞으로 나와 휴대용 오르간으로 가더니 이제는 서서 오르간을 연주합니다. 오르간 파이프를 사이에 두고 그녀의 건너편에 있는 하녀는 악기의 다른 면에 붙어 있는 송풍기에 바람을 넣고 있어요. 여인은 이토록 사랑스러웠던 적이 없지요. 두 갈래로 땋은 그녀의 머리카락은 앞으로 넘겨져서 머리장식 위로 한데 묶여 아름다워요.

P. 89 사자는 심기가 좋지 않네요. 울음 소리를 삼키며 마지못해 오르간 소리를 듣고 있어요. 하지만 유니콘은 눈부셔요.

섬이 넓어졌습니다. 파란색과 금색의 천막이 세워졌어요. 동물들이 천막을 열자 여왕 같은 의상을 차려입은 여인이 걸어나와요. 하녀가 작은 함을 열어 목걸이를 꺼내요. 늘 잠가서 간직해두었던 목걸이는 커다랗고 화려한 보물이죠. 작은 개가 그녀의 옆에 놓인 높은 의자에 앉아서 지켜봐요. 천막의 위쪽 가장자리에 쓰인 문구를 본 적이 있나요? '오직 나 하나의 소망을 위해'라고 쓰여 있군요.

어찌된 일인가요? 저 밑에 있는 토끼는 왜 뛰고 있는 걸까요? 모든 것이 긴장감에 싸여 있네요. 사자는 할 일이 없어요. 여인이 스스로 깃발을 들고 있네요. 아니면 거기에 기대고 있는 걸까요? 그녀는 다른 손으로는 유니콘의 뿔을 움켜쥐고 있어요. 이것이 슬픔의 표현인가요? 슬픈 사람이 이렇게 똑바로 서 있을 수 있나요? 여인이 입은 녹색이 감도는 검은 벨벳 드레스가 상복인가요?

P. 90 그러나 여기 또 다른 장면이 보이는군요. 모든 것이 여기 있습니다. 모든 것이 영원합니다. 사자는 거의 위협하듯이 사방을 둘러봅니다. 아무도 가까이 올 수 없지요. 우리는 지금까지 여인의 지친 모습을 본 적이 없어요. 여인이 지쳐 보이나요? 아니면 뭔가 무거운 것을 들어서 단지 쉬고 있는 것일까요? 그녀가 다른 쪽 팔을 유니콘 쪽으로 뻗자, 우쭐해진 유니콘은 뒷다리로 버티고 서서 여인의 무릎에 기대고 있어요. 여인이 손에 든 것은 거울이에요. 보세요! 여인이 유니콘에게 거울에 비친 유니콘의 모습을 보여주고 있어요.

P. 91 아벨로네, 나는 당신이 여기 있다고 상상합니다. 이해하겠어요, 아벨로네? 분명 당신이 이해하리라 생각합니다.

13장

P. 94 옛 집에 걸려 있던 벽걸이 주단들이 모두 내려지고 있다. 이제 모든 것이 고향집에서 사라져가고 있다. 그 어느 것도 간직할 수 없다. 자신들의 조상들이나, 무엇이든 칭송만 하는 이런 주단들을 보려고 벽을 쳐다보는 사

람은 아무도 없다. 주단의 어느 특정한 부분에 집중하여 이런 주단들을 한 번 살펴보는 것이 자신들이 연구하는 분야와 관련되어 있지 않다면, 이제 젊은이들은 결코 이런 것을 거들떠보지 않는다.

젊은 아가씨들은 가끔 보러 온다. 박물관에는 찾아오는 아가씨들이 많다. 이들은 더 이상 아무것도 간직하지 않은 고향집을 떠나온 사람들이다. 그들은 이런 주단들 앞에 멈춰 서서 잠시 넋을 잃고 만다. 그들은 늘 주단 안에 보여지는 세상이 실제로 존재한다고 느꼈다. 한동안 자신들의 삶도 그러리라는 믿음을 가지고 있었던 것을 어렴풋이 떠올린다. 그러다가 재빨리 스케치북을 꺼내어 꽃이나, 작고 행복한 동물을 그리기 시작한다. 무엇을 그리는가는 문제가 되지 않는다. 무엇인가 그린다는 것이 중요한 일이다. 그런 이유로 다소 과격하게 집을 떠나왔기 때문이다.

P. 95 그들은 훌륭한 가정 출신의 아가씨들이다. 하지만 그들이 스케치하면서 팔을 들어올릴 때 드레스 뒤쪽이 위까지 잘 여며져 있지 않다. 손이 닿지 않는 단추가 몇 개 있기 마련이다. 그 드레스를 만들 때만 해도 그들이 갑작스럽게 혈혈단신으로 집을 떠날 거라고는 예상치 못했기 때문이다. 집에서는 항상 누군가 단추를 채우도록 도와줄 사람이 있다. 하지만 여기서는, 맙소사, 친구라도 한 명 있지 않다면 누가 이 거대한 도시에서 그렇게 하찮은 일에 신경을 써줄 것인가? 하지만 친구들도 같은 문제에 봉착하게 되면 결국 서로의 단추를 채워주게 될 것이다. 그렇게 되면 일이 우스워져서 떠올리고 싶지 않은 가족 생각이 나게 된다.

하지만 그림을 그리면서, 집에 머물러 있었을 수는 없었을까 하는 생각이 들 것이 틀림없다. 그들이 신심이 깊었다면, 그들의 부모들처럼 신실했다면 그랬을지도 모른다. 하지만 다같이 신실하게 살려고 노력하는 것이 너무나 어처구니없게 여겨졌다. 어쨌든 길은 더 좁아졌고, 이 때문에 이제는 가족이 함께 신에게로 나아가기는 불가능하다.

P. 96 함께 나눌 수 있는 것은 그와는 다른 많은 일들뿐이었다. 그러나 그것도 정직하게 나누려 하면 각자에게 돌아오는 몫은 창피할 정도로 적었다. 또 나눌 때 속임수를 부리면 온갖 다툼이 생겼다. 아니다, 정말이지 차라리 그림을 그리는 것이 낫다. 시간이 흐르면 비슷하게 그릴 수 있을 것이다. 게다가 예술이야말로 결국에는 정말 부러워할 만한 가치가 있는 것이다.

이 젊은 아가씨들은 그림을 그리는데 너무 열중한 나머지 눈도 들지 않는다. 그림을 그리는 그 모든 행위가 그림 속에 너무나 찬란하게 엮여 있는 그 삶으로부터 자신들을 떼어놓을 뿐임을 깨닫지 못한다. 그들은 그 사실을 믿으려 하지 않는다. 이제 인생에서 너무나 많은 것들이 바뀌다 보니 그들도 바뀌고 싶어한다. 그들은 쾌락을 찾고 또 다른 쾌락을 찾고 계속 더 강력한 쾌락을 찾는 것이 인생이라고 벌써부터 거의 확신에 차 있다. 그래서 그들은 주위를 둘러보며 찾는다.

나는 그들이 사랑에 지쳐서 이런 일이 생겼다고 믿는다. 여자들은 지금까지 수세기 동안 사랑을 모조리 도맡아 해왔다. 사랑의 대화에서도 언제나 일인이역을 해왔다. 남자는 그저 서투르기 짝이 없는 솜씨로 그들을 따라할 뿐이었다. 남자는 집중도가 떨어지고, 부주의하고, 질투가 많아서 배우기가 어려웠다.

P. 97 여자들은 밤낮없이 참고 견뎌서 사랑과 시련을 키웠다. 끊임없는 애정 결핍의 압박 속에서도 여자들은 상대 남자들보다 더 열정적으로 사랑했다. 기적처럼 보존되어 있는 편지들이 있는가 하면, 책이나 시, 또는 화랑에 걸려있는 초상화에 나타난 표정으로 우리는 그 사실을 알 수 있다. 편지를 태워버린 여인도 수없이 많고, 편지를 쓸 기력조차 없었던 여인들도 있었다. 나이가 들어 딱딱하게 굳어버리기는 했지만 남몰래 다정한 마음을 간직한 여인들도 있었다. 자신들의 남편처럼 변해버리도록 스스로를 방치한 거칠고 억센 여인들도 있다. 하지만 그런 여인들의 내면도 한때는 전혀 달랐고, 어둠 속에서 몸부림치던 사랑을 품고 있었다. 결코 임신을 원하지 않았지만 아이를 가졌고, 그러다가 결국 여넓 번째 이이를 낳은 후 죽어갈 때조차도 사랑을 갈망하는 소녀와 같은 몸짓을 잃지 않았던 여인들도 있었다. 못살게 굴거나 술주정하는 남자들 곁을 떠나지 않았던 여인들도 있었다. 이것은 그들이 남편과 최대한 멀리 떨어져서, 다름 아닌 자기 내면에서 머무르는 방법을 알게 되었기 때문이었다.

P. 98 그러다가 그들이 바깥으로 나오면 천사와 사는 존재들처럼 희미한 빛을 뿜었다. 그런 사람들이 얼마나 많았는지, 또 어떤 여인들인지 알 방도가 있는가? 그들을 찾을 수 있는 글이 없다.

이제 많은 것이 바뀌고 있으니 어쩌면 우리 남자들도 따라서 바뀌어야 하지 않을까? 우리 스스로를 어느 정도 발전시켜 사랑을 할 때 우리가 해야 할 몫을 서서히 찾도록 한 번에 조금씩 노력할 수 있을 것이다. 우리는 그 동안 사랑에 관한 모든 노고는 일체 면제 받아왔고, 그래서 사랑의 노고는 오락거리로 전락해버렸다. 지금까지 우리는 모든 일을 장난 삼아 하는 사람들처럼 얄팍한 즐거움에 빠졌지만 대가라는 칭송을 받아왔다. 하지만 우리가 이런 성공을 무시해 버려야 한다면 어떻게 될까? 항상 남이 해주었던 사랑의 과업을 처음부터 배워야 한다면 어떨까? 이제 많은 것이 변하고 있으니 우리가 초보자가 되기로 작정하면 어떨까?

14장

P. 99 지금도 나는 어머니가 감아놓은 레이스 자락들을 펼치실 때를 기억한다. 어머니는 그것들을 잉에보르크의 낡은 책상 서랍에 넣어두셨다. "우리 레이스를 볼까, 말테?" 이렇게 말씀하시며 어머니는 막 선물을 받은 것처럼 너무나 즐거워하셨다. 그리고는 너무나 들떠서 레이스를 싼 박엽지도 벗기지 못하셨다. 매번 내가 대신해야 했다. 하지만 레이스가 드러날 때면 나도 마찬가지로 몹시 들떴다. 레이스는 나무로 만든 막대기에 두껍게 감겨 있었다. 우리는 천천히 레이스를 풀어서, 레이스가 펼쳐지면서 드러나는 무늬를 바라보았다.

처음 것은 이탈리아식으로, 실을 뽑아 만든 질긴 레이스였고 무늬 전체가 마치 농가의 정원처럼 계속 반복되었다. 그 다음에는 베니스풍의 뜨개바늘로 뜬 것으로 조경이 된 정원이 보였다. 알지 못 하는 멋진 식물들이 거대한 잎사귀를 벌리고, 커다란 꽃봉오리들이 꽃가루를 흩뿌려놓아 모든 것이 어슴푸레했다.

P. 100 그러다 갑자기 서리가 내린 겨울 아침으로 접어들었다. 그리고 눈 덮인 덤불을 헤치고 나가 인적이 닿은 적이 없는 장소에 이르렀다. 나뭇가지들이 아주 기이한 모습으로 늘어져 있었는데 그 밑에 무덤이라도 있는 듯한 모습이었다. 얼굴에 추위가 강하게 밀려오자 어머니가 말씀하셨다. "오, 우리 눈에 서리가 만발하겠구나."

레이스를 감아야 할 때가 되면 우리 둘은 한숨을 내쉬었다. 시간이 많이 소요되는 일이었지만 다른 사람에게 믿고 맡길 수 없었다.

"우리가 이것들을 만들어야 했다고 상상해봐라." 이렇게 말씀하시는 어머니의 표정은 정말로 겁에 질려 있었다. 나는 전혀 상상도 할 수 없었다. 이런 레이스를 짜는 작은 곤충을 상상해본 적은 있었다. 하지만 물론 그건 아니었다. 레이스를 짠 것은 여자들이었다.

"그 사람들은 분명히 천국에 갔을 거예요. 이것들을 만든 여자들 말이에요." 나는 감탄하며 말했다. 어머니는 길게 숨을 들이마셨다. 얼마 후, 내가 그런 대답을 한 것을 벌써 잊어버렸을 때 어머니가 천천히 말씀하셨다. "천국에 갔다고? 나는 그 사람들이 이 레이스 안에 있다고 믿는단다. 그리고 사실이 그렇다면 그들은 영원히 행복할 거야. 하지만 이런 것들에 대해서는 내가 아는 바가 별로 없구나."

15장

P. 101 우리 이웃인 슐린 가의 사람들은 지금은 저택 양 옆에 붙은 좁은 별채 두 곳에 살고 있었다. 그들의 크고 오래된 영지 저택은 몇 년 전에 불타버렸다. 하지만 그들은 계속 손님을 초대했다. 손님접대는 포기할 수 없었다. 만약 우리 집에 예정 없이 누가 찾아오면, 대개 그 사람은 슐린 가에서 오는 길이었다. 누군가 시계를 쳐다보고 부리나케 우리 집을 나서면, 슐린 가에 가기로 되어 있어서였다.

그때쯤 어머니는 더는 바깥 출입을 하지 않으셨다. 그런데도 슐린 가 사람들은 언제고 어머니가 마차를 타고 자신들을 방문해야 한다는 뜻을 굽히지 않았다. 그때는 12월이었고, 철 이른 눈이 내린 후였다. 썰매가 3시에 당도하기로 되어 있었지만 어머니는 시간에 맞춰 출발하지 못하셨다. 썰매가 도착했을 때 어머니는 위층에서 급하게 필요한 뭔가를 찾고 계셨다. 우리 모두는 어머니를 기다리며 서 있었다. 그러다 마침내 어머니가 썰매 안에 자리를 잡으시고 담요까지 덮으셨을 때 또 뭔가 잊은 것이 생각나신 모양이었다.

P. 102 그래서 하녀를 불렀는데 그 물건이 어디 있는지 알고 있는 사람은

그 하녀뿐이었기 때문이었다. 하지만 하녀가 돌아오기도 전에 우리를 태운 썰매가 갑자기 출발해 버렸다.

그날은 안개가 자욱했다. 다시 소리 없이 눈이 내리기 시작했고, 모든 형체가 사라졌다. 마치 우리가 하얀 종이 속으로 달려들어가는 것만 같았다. 왼쪽으로 교회 탑이 보인 듯 싶었는데 갑자기 공원 벽의 윤곽이 거의 우리들 머리 위만큼이나 높게 나타났다. 그 다음 우리는 슐린 저택으로 향하는 길게 뻗은 대로로 접어들었다. 썰매의 방울 소리가 나무들에 부딪혀 메아리치는 듯했다. 그러다 무언가를 빙 돌다가 마차가 흔들리며 오른쪽에 있는 무언가를 지나쳐 멈춰 섰다.

마부가 저택이 그곳에 없다는 사실을 잊었던 것이다. 하지만 그때 우리 모두는 저택이 거기 있다고 생각했다. 우리는 현관 계단을 올라갔고 왜 불이 켜져 있지 않은지 의아할 뿐이었다. 갑자기 왼쪽에서 문이 열리더니 누군가가 외쳤다. "이쪽이에요!" 아버지께서 웃으시며 말씀하셨다. "우리가 유령처럼 여기로 올라가고 있구나." 그리고 아버지는 우리를 이끌고 계단을 내려가셨다.

P. 103 "하지만 방금 저택이 거기 있었어요." 어머니가 이렇게 나직이 말씀하실 때 비에라 슐린이 웃으며 달려 나왔다. 그래서 우리는 서둘러 안으로 들어갔고 저택에 대해서는 생각하지 않았다. 우리는 외투를 벗어 좁은 외투 보관방에 둔 다음, 등불이 켜지고 온기가 깃든 방으로 들어섰다.

슐린 가는 독립적인 여성들이 많은 활기 넘치는 집안이다. 슐린 가에 아들이 있었는지는 잘 모르겠다. 세 자매만 기억이 난다. 맏딸은 나폴리의 어느 후작과 결혼했다. 그녀는 여러 차례 법적 소송을 거듭하며 꽤 시간이 흐른 후에야 남편과 이혼했다. 둘째 딸은 조에였는데, 사람들 말에 따르면 모르는 것이 없다고 했다. 그 중에서도 셋째 딸 비에라는 다정한 사람이었다. 백작부인은 자매들의 어머니라기보다는 넷째 딸 같아서 여러 면에서 가장 어린아이처럼 굴었다. 부인은 아는 것이 전혀 없어서 내내 딸들에게 조언을 받아야 했다. 인정 많은 슐린 백작은 이 여인들 모두가 아내라도 되는 듯이 이리저리 돌아다니며 닥치는 대로 그들에게 키스했다.

우리가 들어섰을 때 백작은 박장대소하고 있었다. 그는 웃음을 멈추고 우리를 아주 정중히 맞아들였다. 나는 이리저리 여인들에게 건네졌고 그들은 나를 쓰다듬으며 질문을 던졌다.

P. 104 나는 가능한 빨리 이곳을 빠져나가 저택을 찾아보리라 작정했다. 오늘은 저택이 그곳에 있다고 확신했다.

집을 빠져나오는 것은 그리 어렵지 않았다. 나는 개처럼 기어서 여자들 치마 밑을 빠져 나왔다. 하지만 현관문이 잠겨 있었다. 내가 여러 개의 쇠사슬과 잠금 장치를 풀고 있을 때 요란한 소리가 들리더니 누군가 갑자기 나를 다시 끌고 들어갔다.

"기다리렴, 아직 가면 안 된단다." 비에라 슐린이 재미있다는 듯이 말했다. 나는 이 다정한 사람에게 유령 저택을 보려는 욕망에 대해서 입을 다물기로 마음 먹었다. 내가 아무 말도 하지 않자 그녀는 내가 화장실에 가고 싶은 것으로 여겼다. 그녀는 내 손을 잡고 화장실로 데려가기 시작했다. 이렇게 오해를 받자 나는 당황했다. 나는 손을 잡아 빼고 화난 얼굴로 그녀를 노려보았다. "내가 보고 싶은 건 저택이란 말예요." 내가 당당하게 말했지만 그녀는 이해하지 못했다. "저 계단 꼭대기에 있는 큰 저택 말이에요."

"이런 바보." 그녀가 다시 내 손을 잡으려 하며 말했다. "거기에는 저택이 없단다."

나는 그렇지 않다고 우겼다.

"다음에 함께 가보자. 지금 거기 가서 둘러보기에는 너무 늦었어. 땅에 웅덩이가 많고 바로 그 뒤에 우리 아빠의 양어장도 있단 말이야.

P. 105 네가 거기 빠지기라도 하면 물고기로 변하고 말걸."

그런 다음 그녀는 나를 다시 환한 방 안으로 떠밀어 넣었다. 사람들이 모두 방 안에 앉아서 이야기를 나누고 있었고, 나는 그들 한 명 한 명에 대해 생각해 보았다. 그들은 저택이 그곳에 없을 때만 거기 간다고, 나는 경멸하듯 생각했다. 만약 어머니와 내가 여기에 산다면 저택은 항상 그곳에 있을 것이었다. 어머니는 다른 사람이 한꺼번에 이야기를 히는 동안 몹시 언짢은 표정을 짓고 계셨다. 어머니도 분명 그 저택을 생각하고 계신 것이다.

조에가 내 옆에 와서 앉아 몇 가지 질문을 하기 시작했다. 아버지는 앉아서 후작부인이 웃으면서 하는 이야기를 듣고 계셨다. 슐린 백작은 어머니와 자신의 아내 사이에 서서 이야기를 하고 있었다. 백작부인이 남편의 말 중간에 끼어들어 나직이 말을 건네는 모습이 보였다.

"아니오, 철없긴. 그건 당신 상상이오." 백작이 쾌활하게 말했다. 하지만 갑자기 그도 자신의 아내처럼 불안한 안색이 되었다. 백작부인은 몹시 긴장하고 있었다. 백작부인이 반지를 낀 부드러운 양손으로 손짓을 하며 "쉿!"하고 외쳤다. 갑자기 방 안이 쥐 죽은 듯 조용해졌다.

P. 106 방 안 사람들 뒤로는 옛 저택에서 옮겨온 거대한 가구 여러 점이 서로 바짝 붙은 채 엉켜 있었다. 아버지께서 놀라서 사방을 둘러보셨다.

비에라 슐린이 말했다. "엄마가 무슨 냄새를 맡으신 거예요. 이럴 땐 조용히 해야 돼요. 어머니는 귀로 냄새를 맡으시거든요." 이렇게 말하며 그녀는 일어서서 눈썹을 치켜올린 채 주의를 기울여 냄새를 맡았다.

슐린 가 사람들은 화재가 난 이후로 이런 증세를 보였다. 사람이 북적거리고 후끈한 방에서는 언제라도 어떤 냄새가 날 수 있는 법이다. 그러면 전부 그 냄새를 분석해서 의견을 내놓는 것이다. 조에가 난로를 살폈다. 백작은 돌아다니면서 구석구석마다 잠시 멈춰 서서 기다렸다. "아무것도 아니군." 마침내 백작이 말했다. 백작부인도 자리에서 일어섰지만 어디를 살펴야 할지 몰랐다. 아버지는 자기 뒤에서 냄새가 나는 것 마냥 천천히 뒤로 돌아서셨다. 후작부인은 고약한 냄새라 여기고서, 손수건을 입에 갖다댔다. 그녀는 모든 사람들을 바라보며 냄새가 사라졌는지 살폈다. 비에라가 가끔씩 냄새의 출처를 찾아낸 듯 "여기에요. 여기."라고 외쳤다. 누군가 말을 할 때마다 이상하리만치 정적이 감돌았다. 나도 부지런히 냄새를 맡았다. 그러다 갑자기 생전 처음으로 유령에 대한 공포 같은 것이 엄습해 왔다.

P. 107 방금 전까지만 해도 웃고 떠들던 이 지각 있는 어른들이 지금은 몸을 구부리고 눈에 보이지도 않는 것을 찾으려 수선을 떠는 모습이라니. 그들은 눈에 보이지 않는 무엇인가가 거기 있었다고 인정했다. 그리고 그것이 그들 전부보다 강한 존재라고 생각하니 나는 두려워졌다.

나의 두려움은 커져갔다. 사람들이 찾고 있는 것이 느닷없이 내 몸에서 불쑥 튀어나올 것만 같았다. 그러면 그들은 그것을 보게 될 테고 나에게 손가락질을 할 것이다. 나는 절박하게 어머니 쪽을 쳐다보았다. 어머니는 꼼짝 않고 꼿꼿이 앉아 계셨다. 내게는 어머니가 나를 기다리고 계신 듯 보였다. 내가 어머니 곁으로 가자마자 어머니가 떨고 계신 것을 알 수 있었다. 그리고 이제 다시 집이 사라지고 있음을 알았다.

"말테, 이 겁쟁이!"라며 어디선가 웃는 소리가 들려왔다. 비에라의 목소리였다. 하지만 어머니와 나는 서로에게서 떨어지지 않았다. 우리는 집이 완전히 사라질 때까지 함께 있었다.

16장

P. 108 이상한 경험을 많이 하게 되는 때는 생일이었다. 인생의 즐거움은 이런저런 구별을 하지 않는 데서 오는 것임을 이미 알고 있었지만 생일만큼은 즐겁게 보내야겠다고 생각했다. 그럴 권리가 있다는 의식은 아마도 원하는 것이라면 그저 무엇이든 얻을 수 있는 아주 어린 나이에 형성되었던 것 같다.

갑자기 생일이 닥쳤다. 내가 막 잠에서 깼을 때 누군가 밖에서 케이크가 아직 도착하지 않았다고 외쳤다. 그리고 옆 방에서 선물들이 탁자 위에 정리되면서 무엇인가 깨지는 소리가 들렸다. 그 다음엔 누군가 방문을 열어놓은 채 나가는 바람에 보아서는 안 되는 것을 전부 미리 보고 말았다. 그 순간 나는 마치 수술을 받은 것 같은 느낌이었다. 순식간이지만 고통스런 칼놀림이 쏜살같이 끝난 것처럼 말이다. 그리고 수술이 무사히 끝나 목숨을 부지하면 그 순간부터는 내 자신에 대해서 생각하지 않았다. 나는 생일 파티를 망칠 수 없었다. 다른 사람들을 살펴본 뒤 그들의 실수를 무마해 준 다음 모든 일이 아주 능수능란하게 처리되고 있다고 여기도록 해야 했다. 하지만 그들 때문에 그렇게 하기가 쉽지 않았다. 그들은 극도로 엉성해서 멍청해 보이기까지 했다.

P. 109 몇몇이 선물 꾸러미를 들고 부모님을 찾아왔다. 그러면 나는 그들이 내 선물을 가져왔으려니 생각하고 그들을 맞으러 달려나가면서, 그저 운동 삼아 방안을 이리저리 뛰어다니는 척해야 했다. 그런 다음으로 나는 기계 장난감을 받는데 어른들은 장난감의 태엽을 처음 감을 때 너무 많이 감아 스프링을 망가뜨렸다. 그래서 몰래 발을 뻗어 태엽이 많이 감긴 쥐를 밀어내는 연습을 미리 해두는 게 나았다. 나는 때로 이렇게 어른들을 속여서 어른들에게 당황스러운 일이 생기지 않도록 했다.

나는 이런 모든 것들을 총괄했다. 대단한 기술이 필요한 일도 아니었다.

정작 재능이 필요한 적이 있었는데, 어떤 저명하고 친절한 사람이 나에게 선물을 주었는데, 정작 그 선물이 나와는 전혀 다른 사람에게나 어울릴 법한 것임을 알아차렸을 때였다. 게다가 실은 그 선물이 너무나 낯설어서 누구에게 맞을지 짐작도 안 될 정도였다.

17장

P. 110 사람들이 제대로 이야기할 줄 알았던 때는 틀림없이 내가 태어나기 전일 것이다. 나는 누군가가 실감나게 이야기하는 것을 들어본 적이 없었다. 아벨로네가 나에게 어머니의 어린 시절에 대한 이야기를 해주었던 때에 나는 그녀가 이야기를 할 줄 모른다는 것을 알았다. 나이 지긋한 브라에 백작은 이야기를 재미있게 하는 사람으로 여겨졌다. 아벨로네가 나에게 한 말을 여기 적어 보겠다.

브라에 백작은 딸들과 완전히 접촉없이 살았다. 그는 자신의 인생은 남과 공유하는 것이 아니라고 여겼다. 하지만 사람들이 그에게 딸들에 관해 이야기하면 흐뭇해했다. 그는 딸들이 다른 도시에 살고 있기라도 한 듯 잔뜩 귀기울여 들었다.

따라서 그가 아침식사 후 아벨로네를 오라고 부른 것은 매우 이례적인 일이었다. 그가 말했다. "우리에게는 같은 습관이 있구나. 나도 이른 아침에 글을 쓴단다. 네가 나를 도울 수 있겠구나." 아벨로네는 아직도 그 일을 마치 어제 일처럼 기억하고 있었다.

백작은 그녀를 서재로 데리고 들어갔는데, 그녀는 한번도 그 안에 들어가 본 적이 없었다. 하지만 그녀는 둘러볼 시간도 없었다. 곧바로 백작 맞은편 책상 앞에 앉아야 했기 때문이었다.

P. 111 그녀에게 책상은 드넓은 평원 같았고 그 위에 놓인 책과 종이 뭉치는 촌락처럼 보였다.

백작은 받아쓰라고 시켰다. 정치와 군사 문제를 다룬 그의 회고록을 목빼고 기다리는 사람들이 많았지만, 그가 염두에 둔 회고록은 사실 성격이 다른 종류였다. "그런 것은 다 잊었소." 나이든 백작은 누군가 그 문제를 거론할 때면 이렇게 대답하곤 했다. 그가 되새기고 싶어한 것은 자신의 어린 시절이었다. 그것이야말로 그에게 매우 중요했다. 그가 삶의 속도를 늦추고 내면으로 눈길을 돌린 지금 그때의 아득한 시절로 관심을 돌리고자 하는 것은 너무나 자연스러운 일로 여겨졌다.

때로는 그가 자리에서 벌떡 일어나 촛불에 대고 말하는 바람에 촛불이 깜박였다. 아니면 아벨로네가 쓴 문장들을 전부 지워버리게 하고는 녹색 비단 실내복 차림으로 정신 없이 방안을 왔다갔다했다. 이런 구술 필기 시간에는 그 자리에 한 사람이 더 있었는데, 백작의 늙은 시종인 쉬텐이었다. 쉬텐의 임무는 백작이 벌떡 일어날 때 종이들이 날리지 않도록 누르는 것이었다. 두 사람 모두 요즘 나오는 종이는 지나치게 가볍다는 생각을 하고 있었고, 쉬텐은 심각한 얼굴을 하고 앉아서 올빼미처럼 종이를 지켜보았다.

P. 112 이 쉬텐이라는 사람은 일요일 오후마다 스웨덴보르크의 책을 읽었다. 하인들 중 누구도 감히 그의 방에 들어가려 하지 않았다. 그가 유령을 불러낸다고 생각했기 때문이었다. 쉬텐의 가족은 항상 유령과 접촉하던 사람들이었고, 쉬텐도 그런 가풍을 이어받았다. 쉬텐의 눈은 크고 둥글었고, 자신이 말을 하는 대상이 아닌 그 너머를 응시하는 듯 보였다. 아벨로네의 아버지는 친척의 안부를 묻는 것마냥 종종 유령의 안부를 물었다. "그들이 오고 있나, 쉬텐? 그들이 온다면 좋은 일이지."

받아쓰는 일은 며칠간 계속되었다. 그러다 아벨로네가 '에커른푀르데'라는 지명을 받아쓰지 못했다. 그녀는 이 낱말을 들어본 적이 없었다. 사실 글쓰기를 그만둘 구실을 찾고 있었던 백작은 짜증이 난 척했다.

백작은 엄하게 말했다. "얘가 그걸 못 쓰는군. 그러면 다른 사람들이 읽을 수가 없겠지. 그럼 사람들이 내가 말하는 것을 이떻게 볼 수 있겠느냐?" 그는 아벨로네에게 시선을 고정한 채 노여운 목소리로 계속 말을 이었다. "사람들이 그를, 이 생 제르맹을 볼 수 있겠어?" 그는 그녀에게 고함을 질렀다. "내가 생 제르맹이라고 했나?!

P. 113 그건 지워버려라. 벨마레 후작이라고 써라."

아벨로네는 지워버리고 다시 썼다. 하지만 백작이 계속해서 너무 빨리 말하는 바람에 그의 말을 받아 적을 수가 없었다.

"이 위대한 벨마레는 아이들을 좋아하지 않았지만 나는 무릎 위에 앉혀 주었단다. 나는 그의 다이아몬드 단추를 깨물었고 그 행동에 그는 즐거워했지. 그는 웃으며 내 턱을 들어올려 서로 눈을 들여다볼 수 있게 했다. 그가 말했지. "치아가 참 고르구나. 야심에 찬 이로구나." 그리고 난 그의 눈을 기억한다. 그 후 나는 여러 곳을 여행했다. 온갖 종류의 눈을 보았지만, 정말이지, 그런 눈은 두 번 다시 본 적이 없단다. 그 눈은 안에 여러 가지를 담고 있었다. 베니스에 대해 들어본 적이 있느냐? 그래, 그의 눈은 베니스를 이 방 안에 그대로 투사해서 저 탁자가 여기 있듯이 베니스가 이 방에 있는 것처럼 보여줄 수 있는 눈이었다. 한 번은 그가 우리 아버지에게 페르시아에 관한 이야기를 하는 동안 방 한 구석에 앉아 있었지. 아직도 이따금씩 페르시아 냄새가 전해오는 것 같다. 우리 아버지와 전하는 벨마레를 무척 높이 평가했다.

P. 114 하지만 그가 내면에 있는 과거에만 집착한다며 비난하는 사람들도 있었다." 그러다 백작이 역정을 내며 벽을 향해 돌아서서 소리쳤다. "책은 공허해. 중요한 것은 피란 말이야. 우리가 읽어야 하는 것은 피야. 그는 자신의 핏속에 놀라운 이야기들과 그림들을 담고 있었어. 이 벨마레라는 사람이 말이야. 어디건 그가 원하는 페이지를 펼치면 그 안에는 항상 뭔가 그려져 있었지. 그의 핏속의 페이지 마다마다에는 내용이 꽉 들어차 있었지. 그는 연금술과 보석, 색채에 대해서도 알고 있었지."

한동안 노백작은 아벨로네에게 말하고 있었다는 사실을 잊었다. 그는 미친 사람처럼 서성이다 쉬텐에게 말했다. "자네도 그 사람을 봤어야 하는데. 나는 보았지. 그는 잘난 얼굴은 아니었지. 심지어 대단한 인물처럼 보이지도 않았어. 항상 주위에는 더 잘난 사람들이 널려 있었거든. 그는 부자였지만 언제라도 전재산을 날려버릴 수 있는 사람 같았어. 하지만 그 사람 똑똑했지."

백작이 여전히 몸을 떨며 서 있었다. 바로 그때 그는 아벨로네가 있다는 것이 기억났다.

"그 사람을 보았느냐?" 백작이 아벨로네에게 소리쳤다. 그러다가 갑자기 은촛대 하나를 움켜잡더니 그 눈부신 불빛을 딸의 얼굴에 들이댔다.

P. 115 아벨로네는 그 후작을 본 것으로 기억하고 있었다.

그 후 며칠간 꼬박꼬박 아벨로네는 받아쓰는 일을 했다. 구술작업은 전보다 훨씬 조용히 진행되었다. 아벨로네는 이제 그 일이 익어서, 누구라도 이

두 사람을 보면 단지 공동 작업 때문이 아니라 부녀간의 정이 돈독해 보인다고 오해할 정도였다.

언젠가 아벨로네가 막 잠자리에 들려 할 때, 노백작이 그녀에게 다가왔다. 그는 마치 등 뒤에 무엇인가를 숨기고 깜짝 놀라게 해 줄 일이 있는 듯한 태도였다. "내일은 율리 레벤트로우에 대해 쓰게 될 거야. 그녀는 성녀였단다."

아벨로네는 놀란 얼굴이었다.

"그래, 그래. 그런 것들이 아직 존재하지. 요즘 같은 시대에도 말이야." 백작이 목소리를 높여 말을 이었다. "모든 것이 가능하단다, 백작의 따님이신 아벨로네 양."

그는 아벨로네의 양손을 잡더니 책을 펼치듯 그녀의 손을 폈다.

"그녀의 손에는 성흔이 있었지. 여기하고 여기 말이다." 그는 이렇게 말하며 자신의 차가운 손가락으로 딸의 두 손바닥을 힘주어 꾹꾹 찔렀다.

아벨로네는 '성흔'이라는 낱말을 몰랐다.

P. 116 그녀는 알아두어야겠다고 생각했다. 그녀는 아버지가 실제로 보았다는 그 성녀의 이야기를 몹시 듣고 싶었다. 하지만 다음날 아버지는 그녀에게 일을 시키려고 부르지 않았다. 그 후에도 다시는 부르지 않았다.

"레벤트로우 백작부인에 관해서는 가족 내에서 자주 화제에 올랐어." 아벨로네는 다소 급작스럽게 이야기를 마쳤다. 내가 더 이야기해 달라고 조르자 그녀는 잊어버렸다고 말했다. 그녀는 피곤해 보였다. "하지만 아직도 이따금 아버지가 찌르신 두 군데가 느껴져." 그녀가 웃으며 말했다. 그리고는 호기심에 친 눈으로 아무 흔적도 없는 두 손을 들여다 보았다.

18장

아버지가 돌아가시기 전부터 모든 것이 달라져 있었다. 울스가르는 더 이상 우리 가족의 소유가 아니었다. 아버지는 시내의 어느 아파트에서 돌아가셨는데 내게는 그 아파트가 적대적이고 기괴하게 느껴졌다. 아버지가 돌아가실 당시 나는 외국에 있었고 돌아와보니 너무 늦어 있었다.

아버지의 시신은 관대 위에 안치되어 있었고 양쪽으로 긴 촛불이 열을 지어 서 있었다. 꽃향기가 강렬하게 풍겼다. 아버지의 준수한 얼굴에는 기분 좋은 기억을 떠올리는 듯한 표정이 어려 있었다. 아버지는 푸른색 양복을 입고 계셨다.

P. 117 아버지의 두 손은 포개어져 있었는데 부자연스러워 보였다. 돌아가시기 전에 아버지가 몹시 고통스러워하셨다는 말을 들었는데 지금은 아무런 고통의 흔적을 찾아볼 수 없었다. 아버지의 얼굴은 손님이 떠나버린 후의 손님방 가구들처럼 단정했다. 나는 아버지의 돌아가신 모습을 이미 여러 차례 본 것만 같은 기분이었다. 이 모든 것이 너무나 익숙했다.

그러다가 아침을 먹어야 했지만 그날은 아침 생각이 전혀 없었다. 사람들이 나를 그 방에서 나가게 하려는 의도임을 눈치채지 못했다. 결국 하녀가 나에게 의사들이 집에 와 있다고 전했다. 나는 그들이 왜 왔는지 이해가 되지 않았다. 하녀는 아직 할 일이 남아 있어서 그렇다고 말한 다음, 붉게 충혈된 눈으로 나를 뚫어져라 쳐다보았다. 그 후 신사 두 명이 들어왔다. 의사들이었다. 먼저 들어온 신사는 고개를 아래로 홱 숙여서 안경 너머로 나를 바라보았다. 그 모습은 마치 그가 자신의 뿔로 나를 들이받으려는 것 같았다.

그는 매우 뻣뻣하게 인사했다. "부친께서 부탁하신 것이 한가지 더 있습니다." 그가 말했다. 그의 동료는 금발머리의 뚱뚱한 남자였다. 잠시 아무도 말이 없었다.

P. 118 아버지에게 아직도 남은 바람이 있다니 이상한 일이었다.

나는 아버지의 수려하고 단정한 얼굴을 바라보았다. 그제서야 아버지가 당신의 죽음을 확실하게 해두기를 바라심을 깨달았다. 아버지는 늘 모든 일을 빈틈없이 처리하셨고, 지금도 확실한 처리를 바라시는 것이다.

"심장에 침을 놓으러 오셨군요. 자, 하시죠."

나는 인사를 건네고 뒤로 물러났다. 두 명의 의사도 답인사를 한 다음 자신들이 할 일에 대해 이야기를 나누기 시작했다. 촛불들도 옆으로 치워졌다. 그런데 둘 중 나이가 든 의사가 앞으로 나서더니 화가 난 듯 나를 노려보았다.

그가 말했다. "이러실 필요 없습니다. 제 말씀은, 제 생각에 좀 나가주신다면 더 좋을 것 같습니다만…"

나는 다시 허리를 굽히며 짤막하게 말했다. "고맙습니다만 방해가 되지 않도록 하겠습니다."

나는 이런 일을 견디고 볼 수 있을 것으로 여겼고, 나가야 할 하등의 이유가 없었다. 게다가 그때까지 사람의 가슴에 침을 놓는 모습을 본 적이 없었다. 그 기회가 저절로 자연스럽게 왔는데 그런 드문 경험을 마다해서는 안 된다는 생각이 들었다.

세상에 그 어떤 일도 실제로 일어나기 전에 함부로 상상해서는 안 된다. 안 되고 말고. 하찮기 그지없는 일이라도 그래서는 안 된다. 모든 것은 너무나 많은 독특한 부분들로 이루어져 있기 때문에 도저히 예측불가하다.

P. 119 우리의 상상력은 무엇이 빠졌는지 알아차리지 못한 채 사물들을 훑고 지나간다. 하지만 현실은 진행 속도가 느리고 이루 말할 수 없이 세세하다.

예를 들어 이런 저항을 누가 상상이나 했겠는가? 아버지의 널찍한 가슴이 드러나자 의사가 찌를 부위를 정했다. 하지만 침을 놓는 기구가 들어가지 않았다. 시간이 멈춰버린 것 같은 느낌이었다. 우리는 마치 어떤 그림 속의 사람들 같았다. 그런데 그때 다시 시간이 흐르기 시작했다. 갑자기 두드려 대는 소리가 들렸다. 너무나 빠른 간격으로 두드려서 악의까지 느껴지는 소리였다.

나는 의사를 쳐다보았다. 그는 완벽히 침착한 태도였다. 재빠르고 철두철미하게 일을 처리하는 신사였다. 일을 마쳤을 때 그는 즐겁거나 만족한 내색을 하지 않았다. 그가 조심스레 기구를 뽑자 사람의 입처럼 생긴 자국이 남았다. 그곳에서 두 음절로 된 낱말을 발음하듯이 피가 두 번 흘러나왔다. 금발머리의 젊은 의사가 신속하고 우아한 손씨를 발휘해 솜뭉치로 그곳을 닦아냈다.

P. 120 이제 그 상처는 감겨진 눈처럼 출혈이 멎었다.

나는 갑자기 방안에 다시 혼자 남은 것을 깨닫고 깜짝 놀랐다. 누군가가 아버지에게 다시 양복을 입혀 놓았다. 아버지는 확실히 돌아가셨다. 하지만 아버지뿐 아니라 우리 가족의 심장도 죽었고 가문도 끝이 났다. 모든 것이 끝장이 나버렸다. 나는 내 심장에 대해서는 생각하지 않았다. 하지만 나중에 내 심장을 떠올렸을 때 그것이 아버지의 심장을 대신할 수 없음을 처음으로 분명히 깨달았다. 내 심장은 한 개인의 심장에 불과했다.

내가 그 이후에 곧바로 떠날 수는 없을 거라는 생각이 들었다. 모두 정리해야 한다고 스스로에게 되뇌었다. 하지만 무엇을 정리해야 할지 명확하지 않았다. 처리해야 할 일이 아무것도 없었다. 시내를 돌아다니다가 변해버린 도시의 모습을 확인했다. 도시는 예전보다 더 온화해졌고, 더 작아졌다. 어떤 장소들은 예전 위력을 나에게 다시 시험하려 했다. 그곳의 어떤 모퉁이들, 창문들, 현관들 그리고 등불들은 나에 대해 많은 것을 알고 있었고, 알고 있는 지식으로 나를 위협했다. 나는 그것들을 쳐다보았고, 내가 피닉스 호텔에 묵고 있으며 언제라도 다시 떠날 수 있음을 알게 내버려두었다. 하지만 아직도 불안했다. 가슴속 깊은 곳에서는 어린 시절에 맺은 인연과 느낀 감정들을 아직 온전히 극복하지 못했음을 알았다.

P. 121 어느 날엔가 이런 것들을 마무리 짓지도 않은 채 던져두었다. 어린 시절을 마무리 짓거나 아니면 영원히 잃어버린 셈치고 포기해야 했다.

나는 매일 몇 시간씩 아버지가 돌아가신 아파트에서 지냈다. 나는 책상과 난로 사이를 왔다갔다하며 아버지의 서류들을 태웠다. 아버지의 편지들을 묶여 있는 그대로 꾸러미째 불 속에 던져 넣는 것으로 일을 시작했다. 하지만 편지들이 너무 꽁꽁 묶여 있어서 가장자리만 탈 뿐이었다. 그래서 편지들을 풀어야 했다. 대부분의 편지에서 내 안의 추억들을 일깨우려는 것처럼 강한 냄새가 풍겼지만 내게는 아무런 추억도 없었다. 그러다 우연히 사진 몇 장이 빠져 나왔다. 이 사진들은 묵직해서 무척이나 천천히 탔다. 나는 불현듯 사진 중에 잉에보르크 사진이 있지 않을까 궁금해졌다. 하지만 어느 사진을 보아도 성숙하고, 멋지고, 아리따운 여인들뿐이었다. 그러다 결국은 내게도 추억이 있다는 생각이 들었다. 내가 성장기의 소년이었을 때, 아버지를 따라 거리를 거닐던 시절에 이 여인들 중 몇 명을 본 기억이 났다.

P. 122 그 여인들은 지나가는 마차 안에서 나를 쳐다보았는데 그 시선이 강렬해서 피하기가 불가능했다. 이제야 그 여인들이 나를 아버지와 비교하고 있었음을 깨달았다. 그리고 내가 아버지에 훨씬 못 미쳤던 것도 기억났다. 단연코 못 미쳤다.

그 다음 나는 아버지가 두려워하셨던 것이 무엇이었는지 알아냈다. 내가 어떻게 이런 결론에 도달하게 되었는지 말해 주겠다. 아버지의 지갑 깊숙이에 종이 한 장이 있었다. 그 종이는 오랫동안 지갑 속에 있었다. 아버지는 깔끔한 필체로 글을 적어놓으셨다. 나는 종이를 태우기 전에 적힌 것을 읽었다.

그것은 '그가 죽기 3시간 전'이라는 말로 시작되고 있었다. 물론 지금은 그 내용을 일일이 기억하지 못하지만 크리스티안 4세에 관한 이야기였다. 그는 죽기 3시간 전 자신을 일으켜달라고 명했다. 의사와 시종이 그가 일어서도록 도왔다. 그는 비틀거리며 섰고, 그들은 그에게 실내복을 입혔다. 그러다 그는 갑작스레 침대 끝에 주저앉아서 무슨 말인가를 했다. 알아들을 수 없는 말이었다. 의사는 그의 손을 잡아 그가 넘어지지 않게 했다. 그래서 그들은 앉았고, 이따금 왕은 겨우겨우, 나직하고 알아들을 수 없는 말을 중얼거렸다. 의사가 왕에게 말을 걸어서 무슨 말을 하려는 것인지 알아내려 애썼다.

P. 123 잠시 후 왕이 의사의 말을 가로막으며 불현듯 상당히 또렷한 어투로 말했다. "오 의사 선생, 의사 선생, 자네 이름이 뭔가?" 의사는 너무나 놀란 나머지 자기 이름이 뭔지 잠시 생각해봐야 했다.

"슈페르링이라고 합니다, 폐하."

하지만 정말 중요한 것은 이것이 아니었다. 왕은 그들이 자신의 말을 알아들었다고 생각하자 오른쪽 눈을 부릅뜨고 몇 시간 전부터 그의 혀로 우물거렸던 그 낱말을 조심스레 내뱉었다. "죽음. 죽음." 그가 말했다.

종이에는 그 말밖에 아무것도 더 적혀 있지 않았다. 나는 종이를 태워버리기 전에 몇 번이나 읽었다. 그러자 아버지가 마지막에 무척 고통스러우셨겠다는 생각이 들었다. 사람들도 나에게 그렇게 말했다.

그 후로 나는 죽음의 공포에 대해 많은 생각을 했다. 나 스스로도 그런 공포를 여러 차례 느꼈다. 그 공포는 붐비는 시내에서, 군중 한가운데서, 종종 아무런 이유도 없이 나를 엄습했다. 다른 때는 아주 그럴싸한 이유들이 있기도 했다. 예를 들어, 한 번은 어떤 사람이 의자에 앉아 있다가 기절하는 바람에 사람들이 전부 주위에 둘러서서 그를 쳐다보았다.

P. 124 그 남자는 이미 공포를 느끼는 단계를 훨씬 넘어서 있었다. 그때 내게 그 사람의 공포가 느껴졌다.

아니면 나폴리에서의 일도 있다. 전차 안에서 내 맞은편에 앉았던 어린 소녀가 죽었다. 처음에는 기절한 듯 보였다. 우리는 전차를 탄 채 한동안 계속 갔다. 그러다 전차를 세워야 하는 상황임이 분명해졌다. 우리 뒤에 오던 차들이 멈춰 섰고, 줄줄이 충돌이 일어났다. 그 창백하고 체격이 건장한 소녀는 옆에 앉은 어머니에게 기댄 채 조용히 숨을 거둔 것 같았다. 하지만 소녀의 어머니는 그 사실을 받아들이려 하지 않았다. 그녀는 소녀의 옷을 풀어헤치고 입 안에 무엇인가를 부어 넣었지만 소녀는 삼키지 못했다.

P. 125 그녀는 어떤 액체를 소녀의 이마에 문질렀다. 소녀의 눈이 약간 뒤로 뒤집히자 눈을 다시 앞으로 돌아오게 하려고 딸을 흔들어대기 시작했다. 그녀는 보지 못하는 딸의 눈에 대고 고함을 질렀다. 그녀는 소녀를 마치 인형처럼 앞뒤로 밀었다 당겼다 했다. 마침내는 팔을 치켜들고 있는 힘껏 소녀의 살찐 얼굴을 후려갈겼다. 그래서 그 얼굴이 죽지 않도록 하려는 것이었다. 그때 나는 두려웠다.

내 개가 죽었을 때 그리고 그 개가 나를 원망했을 때도 나는 두려웠다. 개는 몹시 아팠다. 나는 온종일 개 옆에 무릎을 꿇고 앉아 있었는데, 갑자기 개가 낯선 사람이 나타날 때면 으레 그랬듯이 짖어댔다. 그렇게 짖는 소리는 우리 둘이 정해놓은 신호였기 때문에 나는 무심결에 문을 흘긋 바라보았다. 하지만 그것은 이미 개의 몸 안에 들어가 있었다. 나는 불안한 기색으로 개의 두 눈을 들여다보았고 개도 나의 눈을 들여다보았지만 작별을 고하는 눈빛은 아니었다. 개는 딱딱하게 굳어 깜짝 놀란 시선으로 나를 바라보았다. 개는 내가 그것을 방안에 들여놓았다고 나를 나무랐다. 개는 내가 막을 수도 있었다고 확신하고 있었다.

P. 126 그때서야 개가 항상 나를 과대평가해왔음이 분명해졌다. 개는 숨이 끊어질 때까지 놀란 듯 고독한 시선으로 계속 나를 응시했다.

나는 가을에 처음으로 밤에 서리가 내리고 나면 두려움을 느꼈다. 파리들이 방 안으로 날아들어 방 안의 온기로 다시 한 번 생기를 찾을 때 말이다. 파리들은 바짝 말라서, 자기들이 내는 윙윙거리는 소리에 겁을 먹고 있었다. 파리들은 스스로 무엇을 하고 있는지 전혀 모르고 있었다. 파리들은 아직 살아있다는 사실을 깨달을 때까지 몇 시간이고 거기 앉아 있었다. 그러다가 무턱대고 온갖 방향으로 날아다니면서 어찌할 바를 몰라했다. 그리고 여기저기에서 다시 파리들이 떨어지는 소리가 들렸다. 파리들은 사방을 기어 다녔고, 온 방 안에 서서히 죽음을 전파시켰다.

하지만 내가 혼자 있을 때조차도 공포를 느낄 수 있었다. 어떤 때는 밤을 지새운 적도 있었는데 앉아 있는 것은 살아 있는 사람만이 할 수 있는 일임을 알고 있었기 때문이었다. 죽은 사람은 앉지 못한다. 나는 거기 그렇게 앉아 있곤 했다. 내 모습이 어찌나 무시무시했던지 아무것도 내게 다가오지 않았고 심지어는 촛불조차도 가까이 오려 하지 않을 정도였다. 촛불은 텅 빈 방 안에 홀로 있는 것처럼 타들어 갔다. 그때 나의 마지막 희망은 언제나 창문이었다. 나는 창 밖 어딘가에 내게 속한 무언가가 있을 거라고 상상했다. 하지만 창을 바라보기가 무섭게 그 창문이 벽처럼 막혀 있었으면 하고 바랐다.

P. 127 바깥에 있는 사물들은 언제나 똑같았고, 변함 없이 무관심한 태도로 흘러가고 있었기 때문이었다. 거기에는 외로움뿐이었다. 내가 떠났던 사람들이 떠올랐고, 그럴 때면 내가 어떻게 그런 사람들 곁을 떠날 수 있었는지 이해가 되지 않았다.

이제는 아버지가 몇 년 동안 지갑 깊숙이 임종의 순간을 묘사한 쪽지를 가지고 다니신 것이 너무나 이해가 된다. 일부러 찾을 필요가 없었을 것이다. 임종의 시간이란 누구에게든 독특한 모습을 띠고 있다. 예를 들어 펠릭스 아르베르가 어떻게 죽었는지 옮겨 적는 사람을 상상해 볼 수 있다. 어느 병원에서의 일이었다. 그는 온화하고 평온하게 죽음을 맞았기 때문에 어쩌면 수녀는 그가 실제로 죽은 때보다 훨씬 전에 죽었다고 생각했을지도 모른다. 누군가가 사람을 불러달라고 외치자, 이 수녀가 꽤 큰 소리로 그 사람이 'collidor'에 있다고 외쳤다. 'corridor(복도)'라고 해야 할 것을 잘못 말한 것이었다. 바로 그 순간 아르베르는 자신의 죽음을 뒤로 미뤘다. 먼저 이 실수를 바로잡아 줄 필요가 있었다.

P. 128 그는 의식이 완전히 또렷해져서 수녀에게 'corridor'라고 해야 한다고 설명해주었다. 그런 다음 그는 숨을 거두었다. 그는 시인이었고, 정확하지 않은 것을 싫어했다. 아니면 그는 진실만 상대하는 사람이었을지도 모른다. 또는 세상이 부주의하게 흘러가고 있다고 느낀 채 세상을 하직할 수는 없었을 것이다. 우리로서는 그 정확한 이유를 알 길이 없지만, 학자인 티

를 내려고 했던 것은 아닌 것 같다. 만약 그렇지 않다면 장 드 디외 성인에게도 같은 비난이 쏟아질 것이다. 이 성인은 정원에서 목을 맨 어떤 남자의 줄을 적시에 끊어서 내려주기 위해 임종의 순간에도 벌떡 일어났다. 이 성인 또한 진실에만 관심을 기울인 사람이었다.

19장

전혀 해를 끼치지 않는 사람이 존재한다. 그런 사람이 바로 당신 눈앞으로 지나가도 당신은 그를 거의 의식조차 못한 채 순식간에 다시 잊는다. 하지만 그 사람이 눈에는 보이지 않더라도 귀에 들어오게 되면, 그때부터 자라나기 시작한다. 알에서 부화한 다음 뇌 속으로 침입해 뇌를 파괴시키며 번성했던 경우가 있었다.

P. 129 그런 존재가 바로 당신의 이웃이다.

내가 이렇게 혼자서 여기저기 떠돌아다닌 이후 수많은 이웃들을 만났다. 위층과 아래층, 오른쪽과 왼쪽에 이웃이 있었고, 어떤 때는 이 네 종류의 이웃을 한꺼번에 만나기도 했다. 내가 만난 이웃들의 이야기를 그저 써 내려갈 수도 있지만 그러자면 평생이 걸릴 것이다. 사실상, 그 이야기는 이웃들이 내 안에 불러일으킨 여러 증상들에 관한 내용이 될 것이다. 이웃은 유사한 특성을 지닌 모든 생물체들과 동일한 성질을 띤다. 그들의 존재는 특정 세포 조직 속에서 불러일으키는 장애를 통해서만 감지된다는 점이다.

나는 예측불가의 이웃을 만났는가 하면, 극도로 규칙적인 습성을 지닌 이웃도 만났다. 나는 몇 시간이고 앉아서 예측할 수 없는 이웃의 법칙을 알아내려 했다. 그런 사람들조차도 어떤 법칙에 따라서 행동한다고 나는 확신을 하게 되었다. 그리고 어느 날 저녁 규칙적인 이웃이 정해진 시간에 귀가하지 못하는 일이 발생했다. 나는 그들에게 일어났을지도 모를 온갖 재앙들을 떠올렸다. 내내 촛불을 켜놓은 채 나는 젊은 아내처럼 불안에 떨었다.

P. 130 증오밖에 느끼지 못하던 이웃, 열정적인 사랑에 휘말린 이웃도 만났다. 또는 어떤 감정이 갑작스럽게 다른 감정으로 바뀌는 순간도 경험했고, 이럴 경우 잠을 자는 것은 상상할 수도 없었다. 사실 이 경험으로 인해 사람들의 일반적인 짐작처럼 잠이란 것이 그렇게 자주 오지는 않음을 알았

다. 예를 들어, 상트 페테르부르크에 있었을 때 내가 만난 두 이웃은 잠에
그다지 중요성을 부여하지 않았다. 그들 중 한 명은 서서 바이올린을 연주
했다. 그는 분명 연주하면서 아름다운 8월의 밤 동안 절대 꺼지지 않는 환
한 불을 밝힌 채 잠들지 않고 있던 집들을 바라보았을 것이다. 오른쪽의 이
웃으로 말하자면, 그는 적어도 침대에 누워는 있었던 것으로 알고 있다. 사
실 내가 깨어 있을 때에도 그는 결코 일어나 있는 법이 없었다. 심지어 늘
눈도 감고 있었지만, 자고 있었다고 말할 수는 없었다. 그는 누워서 긴 시를
암송하고 있었던 것이다.

　고독한 사람들에 대해 말들이 많지만 이들을 이해하는 경우는 드물다. 많
은 사람들이 고독한 사람을 실제로 본 적도 없거나, 그들을 알지도 못하고
그저 미워만 한다. 이런 사람들은 고독한 사람의 이웃이었던 사람들로, 그
를 지치게 하고, 옆방에서 그를 유혹하는 소리를 낸 적이 있던 사람들이다.
P. 131 그들은 그를 괴롭혔다. 그가 어리고 연약했을 때도 아이들이 고독
한 그를 못살게 굴었다. 그래서 그는 자라는 순간순간마다 어른들에 적개심
을 가지게 되었다. 어른들은 동물을 사냥하듯이 그의 은신처까지 쫓아갔고,
그는 긴 유년시절 내내 사냥감 신세였다. 그가 도망가거나 항복하지 않으면
그들은 그를 기괴하다고 취급하며 의심했다. 그가 그들의 말을 듣지 않으면
전염병에 걸린 사람 취급하고, 쫓아버리려고 돌을 던졌다. 그 사람들의 오
래된 본능은 옳았다. 실제로 그는 그들의 적이었기 때문이었다.
　그래도 그가 개의치 않자 그들은 곰곰히 생각하기 시작했다. 그들이 한
모든 행동들이 오히려 그가 원하는 대로 해준 것이 아니었을까 하는 의심이
들었다. 그들은 그가 고독 속에서 강해지도록 하고, 영원히 그들에게 등지
도록 도왔다. 이제 그들은 전략을 바꾸어 최후의 무기를 집어들었다. 이것
은 저항의 다른 수단, 즉 가장 극단적인 방법이었다. 그것은 바로 명성이었
다. 이런 명성이라는 소음에는 누구라도 고개를 들지 않을 수 없고 당황하
게 된다.

20장

P. 132 간밤에 나는 소년 시절에 가지고 있던 작은 녹색 책 한 권이 떠올랐다. 처음 생겼을 때는 별 관심을 두지 않았고 그로부터 몇 년 뒤까지도 읽지 않았다. 그러다 그 책이 나에게 무척 소중해졌다. 심지어 책의 생김새조차 의미심장해졌다. 녹색 표지가 무슨 의미를 담고 있는 것만 같았다. 표지 다음에는 매끈하고 하얀 면지가 나오고, 그 다음엔 신비감이 어린 제목이 쓰인 속표지가 나왔다. 겉으로 보기에는 책 안에 삽화가 있을 것만 같았지만, 삽화는 하나도 없었다. 하지만 삽화가 없는 것을 어느 정도 보상해주는 것이 있었으니 부서져버릴 듯 가느다란 장밋빛의 서표였다. 그것은 알 수 없는 옛날부터 같은 페이지 사이에 끼워져 있었다. 그 서표는 한 번도 사용된 적이 없었을지도 모른다. 책을 제본한 사람이 제대로 보지도 않고 서둘러 끼워넣었던 것이다. 아니면 서표가 그 페이지에 꽂혀 있었던 것이 우연이 아니었을 수도 있다. 어쩌면 누군가가 거기서 읽기를 멈추었다가 다시는 읽지 않았을 수도 있다. 어쩌면 바로 그 순간 운명이 그의 문을 노크해서 그의 정신을 딴 데로 돌려놓았고, 그래서 그가 모든 책을 멀리 했을 수도 있다.

P. 133 결국 책들은 인생이 아니기 때문이다. 그 책이 서표가 있는 자리보다 더 읽혀졌는지를 알기란 불가능했다. 나의 상상으로는 어쩌면 누군가가 이 페이지를 계속해서 펼쳤을 수도 있다. 아마도 늦은 밤에 말이다. 어떤 경우가 됐든 간에, 표시가 된 이 두 페이지를 접하면 나는 좀 부끄러워졌다. 마치 누군가가 지켜보는 가운데 거울 앞에 서 있는 사람의 기분처럼 말이다. 그리 두껍지는 않았지만 많은 이야기가 담겨 있었다. 오후에 읽어보면 항상 내가 아직 읽지 않은 이야기가 담겨 있었다.

결코 바뀌지 않는 사실이 있음을 깨닫는 것은 바람직하다. 그런 일들을 비난하거나 옳고 그름을 판단하지 않고 사실을 그대로 받아들여야 한다. 그런 점에서 나는 결코 훌륭한 독서가가 아니었음이 분명하다. 어린 시절, 독서란 미래의 어느 순간에 떠맡아야 할 직무인 것으로 여겼다. 그것이 언제가 될지는 정확히 몰랐으나 어른이 되는 시기로 접어들면 인식하게 될 것으로 여겼다. 인생이 단순해질 것이란 생각은 하지 않았지만, 이해는 할 수 있게 되리라 생각했던 것이다.

P. 134 어린 시절에 불분명했던 모든 것이 확실해질 것이라 생각했다. 인생은 자신의 내면에서 나오는 느낌보다 외부에서 벌어지는 사건들이 주가 될 것이라 생각했다. 어른들에게는 별 문제가 없어 보였다. 어른들은 쉽사리 일을 처리했다. 그들에게 뭐라도 어려운 일이 있다면 그것은 외부적 환경과 관련된 것이었다.

이러한 변화가 올 때를 기다리는 동안은 진지하게 독서에 빠지는 일은 보류했다. 그때가 되면 나는 책을 친구처럼 대할 것이다. 책과 조금씩 함께 하며 즐거운 시간을 보낼 것이다. 당연히 다른 책보다 더 끌리는 책이 몇 권 있긴 하겠지. 그러다 보면 가끔 30분이 훌쩍 지나버리고, 산책이나 약속이나 연극 개막 시간이나, 또는 중요한 편지 쓰는 것을 잊을 수도 있다.

이런 현상을 늘어놓는 이유는 울스가르에서 방학을 보내는 동안 갑작스레 독서에 빠져서 나 스스로 그것을 체험했기 때문이다. 나는 내가 기다리고 있던 어른으로 접어드는 변화를 겪기도 전에 독서를 시작한 것이었다. 하지만 귀족학교에서 내 또래의 남자들 무리 속에서 지내는 동안 시간 계산이 미심쩍어졌다. 그곳에서는 나를 압도했던 뜻밖의, 생각지도 않은 경험들이 많았다.

P. 135 그 경험들로 분명 나는 어른 대접을 받았다. 하지만 어린 시절의 수수께끼들은 여전히 풀리지 않은 채였다. 어린 시절은 지나가 버린 일이라고 스스로에게 말하려 하면 나의 미래도 함께 사라져 버렸다. 그러면 내게 남은 거라곤 장난감 병정처럼 발을 디딜 만큼의 땅뿐이었다.

이런 발견으로 나는 여타의 아이들과는 다른 존재로 느껴졌다. 나는 자신에 대해 많이 생각했고 일종의 더할 나위 없는 즐거움으로 가득 차게 되었는데, 그것을 이해하기에는 너무 어렸던지 그 즐거움을 슬픔으로 오인했다. 내가 성인기에 있어야 할 무엇인가를 잃어버릴까 봐 걱정했던 기억이 난다. 그래서 울스가르에 돌아와 그 모든 책을 보았을 때 몹시 황급히 읽기 시작했다. 마치 양심의 가책이라도 느낀 듯이 말이다. 또한 그 책들을 모두 읽겠다는 다짐 없이는 책을 펼칠 권리가 없다고 느꼈다. 한 줄 한 줄 읽을 때마다 나는 세계의 일부분을 경험했다. 책을 읽기 전에 온전했던 세계는 책을 읽은 다음에야 다시 온전해질 것 같았다. 하지만 제대로 책을 읽을 줄도 몰랐던 내가 어떻게 그 책들 전부를 읽을 수 있었겠는가?

P. 136 우리의 좁은 서재에만도 책이 무수히 많았다. 나는 끈덕지게 이 책에서 저 책으로 덤벼들었다. 책의 페이지와 씨름을 했다. 나는 쉴러와 바게센, 욀렌슐레거와 샤크 슈타펠트를 읽었고, 월터 스콧과 칼데론을 읽었다. 내가 벌써 읽었어야 했던 책들과, 나중에 읽어야 할 책들도 읽었다.

그 후 몇 년 동안 가끔 늦은 밤 잠에서 깼다. 그때 별들이 너무나 밝고, 실감나며, 의미를 담은 듯이 보여서 내가 왜 이렇게 많은 주위 세상을 놓쳤을까 하는 생각이 들었다. 옛날에 내가 읽던 책에서 눈을 들어 바깥을 바라볼 때에도, 나를 부르는 아벨로네가 있는 곳을 바라 볼 때에도 비슷한 느낌이 들었다. 그러다 너무나 뜻밖에도 그녀가 불러도 나는 대답도 하지 않게 되었다. 우리가 가장 행복했던 시기에 그렇게 되었다. 하지만 당장은 독서열에 사로잡혀 있어서 책에 매달렸고 아벨로네와의 일상적인 휴일을 피해버렸다. 자연스러운 행복을 느낄 그 많은 기회를 활용하기에는 서툴렀던 것이다. 우리 사이에 점점 불화가 심화됐지만 나중에 화해할 거라는 기대를 품었다.

사랑을 하는 여자는 항상 자신이 사랑하는 남자보다 우위에 있다.

P. 137 여자의 행복은 그녀의 헌신에서 비롯된다. 그 헌신은 끝도 없다. 하지만 이름도 없는 사랑의 고통은 늘 그런 헌신적 사랑을 자제해야 하는 데 있다. 여자들의 가슴을 아프게 한 것은 바로 이러한 사랑의 고통이었다. 엘로이즈가 보낸 처음 편지 두 통은 오직 이런 고통만 담고 있는데, 500년이 흐른 후 포르투갈 수녀의 편지에서도 드러난다. 새의 울음소리처럼 고통의 소리를 선명히 들을 수 있다.

21장

나는 단 한 번도 그 남자에게서 신문을 살 엄두를 내지 못했다. 저녁 내내 뤽상부르 공원 바깥을 발을 질질 끌며 서성이는 그가 항상 신문 몇 부라도 가지고 있는지에 대한 확신도 없었다. 그는 벽을 등지고 손으로 돌담을 문지르며 간다. 그가 너무나 벽에 몸을 착 붙이고 있어서 매일 이곳을 지나는 사람 중에 그를 보지도 못한 사람들이 많다.

P. 138 그의 목소리는 등불이나 난로에서 나는 소리나 똑똑 떨어지는 물소리처럼 매우 나직했다. 사람들은 늘 그의 옆을 지나쳐가면서도 그림자처럼 조용한, 시간의 흐름처럼 조용한 이 남자의 존재를 눈치채지 못한다.

그에게 가까이 갔을 때 내가 그에 대해 모른 척했다는 글을 쓰려니 부끄럽다. 그러다 그가 "신문이요."라고 말하고 다시 반복해서 말하는 소리를 들었다. 내 곁에 있던 사람들이 누가 하는 말인지 보려고 주위를 두리번거렸다. 나만 아무것도 못들은 척, 다른 누구보다 서두르며 바삐 무언가를 생각하는 척했다.

실제로도 나는 생각에 빠져 있었다. 마음속에 그의 모습을 그려보느라 바빴다. 그를 상상해보기로 마음 먹었고, 애를 쓰느라 진땀을 뺐다. 골동품상에 여기저기 놓인 상아로 만든 작은 예수 상들을 떠올려 보니 좀 도움이 되었다. 나는 그의 긴 얼굴이 기울어진 각도, 두 뺨 밑에 드리워진 그림자, 실명의 고통스러움을 담은 그의 표정을 그저 상상해 보느라 그렇게 했다. 나는 그의 길고 여윈 목에 닿지도 않고 곡선을 그리는 셔츠 깃, 느슨하게 묶인 녹색 타이, 그리고 낡고 뻣뻣한 모자를 떠올렸다. 내가 비겁하게 이 남자를 바라보지 않은 내내, 그의 모습을 이토록 자세히 상상하게 되었고, 이 때문에 언제라도 그의 모습이 내 마음에 떠오를 것 같았다.

P. 139 그 모습이 너무나 가련한 나머지 그 남자의 실제 모습은 내 상상보다는 견딜만 하리라 단정했다. 저녁이 되었다. 나는 느린 걸음으로 그의 옆을 지나가면서 자세히 살펴보기로 마음먹었다.

분명한 것은 그때 봄이 오고 있었다는 것이다. 낮 동안 불던 바람은 잦아들었고, 샛길들은 조용히 만족한 듯한 분위기였다. 가옥들은 가볍고 흰 금속처럼 빛을 뿜었다. 큰길마다 한가로이 거니는 사람들로 가득했으니 필시 일요일이었다. 생 쉴피스 성당의 탑들은 평화로워 보였고, 고요한 공기 속에 전에 미처 깨닫지 못했던 만큼 높아 보였다. 뢰상부르 공원 안과 정문 밖이 너무 북적대서 나는 그를 바로 알아보지 못했다.

나는 순식간에 그의 실제 모습이 내 상상보다 더 심각함을 알았다. 그의 가련한 처지는 훨씬 처참했다. 나는 그의 두 눈꺼풀 안쪽을 채우고 있는 듯한 공포는 상상도 못했다. 아마도 전에는 그에게 추억이 있었겠지만 지금은 그의 영혼에 더해지는 것이란 없었다.

P. 140 나는 가만히 서서 그를 지켜보았다. 그가 특별히 외출용 모자를 쓴 것을 눈치챘는데, 녹색 띠가 둘러진 싸구려 밀짚 모자였다. 물론 그 색은 아무런 의미도 없었다. 그것을 언급하는 이유는 단지 그 남자 본인은 그 색을 보지도, 또 그 색에서 즐거움을 얻지도 못했음을 말하기 위함이다. 주위의 많은 사람들 중에 그 남자의 외출용 모자가 자신들에게 보여주기 위한 것임을 누가 알았겠는가?

신이여, 그 사실이 저를 번개처럼 후려쳤습니다. 이것이 당신이 존재하는 방식이군요. 이것이 당신께서 존재하신다는 증거였습니다. 저는 그 모든 것을 잊고 살았습니다. 제가 당신의 존재를 확실히 인식하게 되면 그에 따르는 책임이 너무나 크기 때문이었습니다. 이것은 당신의 취향대로 된 것입니다. 이것으로 당신은 기쁨을 얻었습니다. 우리는 참고 감내하며 섣불리 판단을 내리지 않는 법을 배워야 합니다. 오직 당신만이 비통한 것과 자비로운 것이 무엇인지를 진정으로 아는 분이십니다.

다시 겨울이 오면 새 외투가 필요하리라. 신이여, 그 외투가 새것인 동안이라도 그 사나이처럼 입도록 해주십시오.

나는 새 옷을 갖고 싶다. 가난한 사람들과 다르게 보이고 싶어서가 아니라, 내가 실제로 그들과는 다르기 때문이다. 내게는 그들이 가진 힘이 없다. 나는 하루에 세끼를 먹지만 그들은 영생을 가진 존재처럼 전혀 먹지도 않고 살아남을 것만 같다. 그들은 매일, 심지어는 11월에도 거리에 서 있고, 겨울이 되었다고 울부짖지도 않는다.

P. 141 안개가 끼어 그들의 모습을 희미하고 불명확하게 만들어도 그들은 여전히 존재한다. 그들은 생을 이어간다.

이 도시는 서서히 가난해지는 사람들로 그득하다. 대부분이 처음에는 거부 반응을 보이지만, 별다른 저항 없이 받아들이는 사람들도 있다. 이들은 사랑을 받아본 적이 없는 강인한 아가씨들이다.

신은 내가 모든 것을 버리고 그들을 사랑하기를 바라는 것 같다. 그렇지 않다면 그들이 내 옆을 지날 때 그들을 따라가지 않기가 어찌 이리 힘겨운가? 왜 밤에 그들에게 해줄 달콤하기 그지없는 말을 떠올리는가? 왜 그들을 다정하게 안아주는 상상을 하는가? 그들이 품은 소망이란 그다지 높지 않아서 떨어진다 해도 부서지지는 않지만 상처를 입는다. 저녁이면 길 잃은 고양이들만이 그들의 방을 찾아와 그들에게 슬쩍 몸을 비벼대고, 그들의 몸 위에 누워서 잠이 든다. 가끔 나는 이런 여인들 중 한 명의 뒤를 밟아 그녀가 인파 속으로 사라질 때까지 몇 거리 정도 뒤따라가기도 한다.

P. 142 하지만 누군가가 이런 여인들 중 한 사람을 사랑하려 하면, 그녀는 그가 힘겨울 정도로 기댈 것임을 알고 있다. 나는 예수님만이 그 여인들을 견뎌낼 수 있다고 믿는다. 하지만 예수님에게 이런 여인들은 별로 중요하지 않다. 오직 사랑을 바치는 이들만이 그를 유혹할 수 있을 뿐, 사랑받기를 기다리는 하찮은 재능을 가진 이들은 그럴 수 없다.

사랑받는 사람들은 비참하며, 큰 위험을 안고 산다. 사랑하는 사람들은 전적으로 안전하다. 사람들이 그들을 신뢰하므로 스스로의 내면을 드러낼 필요가 없다. 그들의 사랑은 나이팅게일의 노래처럼 그들 안에서 터져 나온다. 그들은 오직 한 사람만을 갈망하지만 자연 전체가 그들과 하나가 된다. 그들의 갈망은 영구하다. 그들은 사랑하는 사람을 좇아 스스로를 내던진다. 하지만 그들은 첫걸음에 그를 따라잡고 말아서 그들 앞에는 오직 신만이 존재한다.

나는 언젠가 오래 전에 집에서 보석 상자 하나를 발견한 기억이 있다. 상자를 열자 안은 비었고 벨벳만 들어 있었다. 한때 보석이 놓여 있던 자리의 벨벳이 약간 패어 있었다. 아마도 사랑을 받다가 뒤에 남겨진 사람들에게 있어서 인생은 이런 모습이 되는 것이리라.

그대들의 일기를 들춰보라. 봄이 그대들을 나무라듯 느껴지던 때가 있었는가?

P. 143 즐거워지려는 기분에, 야외로 걸어나갔을 때, 공기 중에 떠도는 어떤 놀라운 느낌이 그대들을 불안하게 했다. 정원은 다시 생명을 틔우기 시작했건만, 그대들은 겨울과 묵은해를 정원으로 끌어들이고 있었다. 그대들에게 있어 봄은 지난 해의 연속선상에 있는 것에 불과했다. 그대들의 영혼이 봄과 함께 하기를 기다리는 동안, 팔다리는 갑자기 묵직해지며 병에 걸

릴지도 모른다는 예감을 느꼈다. 그대들은 얇은 옷을 탓하며 재킷의 단추를 채운 다음, 진입로 끝까지 내달렸다. 뛰는 가슴을 안고 거기 서서 봄과 하나가 되리라 마음먹었다. 하지만 새 한 마리가, 외로운 새 한 마리가 노래를 하고 그대들의 동참을 부정한다. 그대들은 죽어 있어야 했단 말인가?

그럴지도 모른다. 꽃봉오리들과 과일들은 익어서 땅에 떨어진다. 하지만 신을 믿는 우리들에게는 시간이 더 필요하다. 우리는 끝내고 다시 시작할 수가 없다. 더 많은 시간이 필요한 것이다. 우리에게 일 년이란 무슨 의미인가? 모든 세월은 또 무엇인가? 우리가 진정 신에 도달해 보기 전에도 우리는 그에게 기도를 올리고 있다. "오늘밤 살아남게 해주소서. 병들어 아픈 것과 사랑에서도 견디고 살아남게 해주소서."

22장

P. 144 아벨로네, 근래 몇 년간 나는 불현듯 당신을 이해하게 되었습니다. 오랫동안 당신 생각을 하지 않고 지내다가 말입니다.

가을에 베니스에서 있었던 일이었다. 지나는 외국인들이 그들과 마찬가지로 외국인인 여주인 주위에 모이는 그런 살롱 중 한 곳에서 생긴 일이었다. 사람들이 손에 찻잔을 들고 둘러서 있었다. 그들은 옆사람이 몸을 돌려 재빨리 문 쪽으로 고갯짓을 하며 베니스 이름을 속삭일 때마다 마음이 들뜬다. 그들은 그 어떤 특이한 이름도 들을 마음의 준비가 되어 있어서 전혀 놀라지 않는다. 그들이 살아온 삶이 몹시 소박할지라도, 이 도시에서는 도에 넘치는 일들을 아무렇지도 않게 용인한다. 그들은 일상 생활에서 끊임없이 특이한 것과 금지된 것을 혼동한다. 그래서 지금 베니스에서 스스로에게 허용하고 있는 어떤 멋진 일이 일어나지 않을까 하는 기대로 그들의 얼굴에는 무모한 표정이 역력히 드러난다.

P. 145 고국에서는 단지 음악회에서나, 또는 홀로 소설을 읽을 때만 드물게 느꼈던 감정을 이렇게 신나는 상황에서는 언제나 거리낌없이 표현한다. 그들은 음악이 연인이라도 되는 듯 그 속에 자신을 완전히 내맡긴다. 또 곤돌라가 주는 흥분에 푹 빠진다. 휴가 내내 다투기만 하던 더는 젊지 않은 부부들도 고요한 화해를 이룬다. 남편은 기분 좋게 노곤한 상태에 압도당해

있는가 하면, 부인은 다시 젊음을 찾은 듯한 기분에, 게으른 현지인들에게 미소를 짓는다. 그들이 하는 말을 들어보면, 내일이나 모레나, 그도 아니면 주말에는 떠날 모양이다. 베니스의 비밀에 대해서는 전혀 이해하지 못한 채 말이다.

나는 그런 사람들 사이에 서서 내가 관광객처럼 떠나지 않는 사실에 기뻐했다. 곧 날씨가 추워질 것이다. 환상에 가득한 포근한 베니스는 그런 외국인들과 함께 사라져버린다. 그리고 어느 날 아침 또 다른 모습의 베니스가 거기 나타난다. 그것은 깨어 있는, 유리처럼 부서져버릴 정도로 약한 진짜 베니스이며, 절대로 꿈 같은 장소가 아니다.

P. 146 이 베니스는 일부러 가라앉는 땅 위에 세워진, 강제로 조성된 베니스다. 물자가 부족한 가운데서도 소금과 유리를 팔아 여러 나라의 진귀한 물품을 사들이는 창의성이 풍부한 나라이다. 이 베니스는 세상의 아름다움의 평형추로 장식물 하나하나까지 숨겨진 에너지로 가득한 곳이다.

잘못된 환상에 사로잡힌 이 모든 사람들 가운데서 오직 나만이 이 도시를 제대로 알고 있다는 자각이 너무 강렬해서 고개를 위로 향한 채 어떻게 하면 이 짐을 벗을 수 있을까 생각했다. 이 방에 있는 사람들 가운데 베니스의 본질에 대해 알기를 고대하던 사람이 한 명쯤은 있지 않을까? 어쩌면 어디에선가 젊은이 한 명 정도는 있을 것이다. 그는 내가 그저 즐거움만이 아니라 접하기 어려운 귀한 통찰력을 전해주고 있었음을 깨달을 수도 있었을 것이다. 나는 이방저방을 돌아다녔다. 내가 알고 있는 진실 때문에 불안했다. 나는 그 생각을 토로하고, 옹호하고, 증명해 보이고 싶었다.

이런 우스꽝스러운 기분에 빠져 있을 때 나는 그녀를 보았다. 그녀는 햇빛이 눈부시게 비춰오는 창가에 홀로 서서 나를 지켜보고 있었다. 엄밀히 말하면 그녀가 그 진지하고 사색에 잠긴 듯한 눈으로 보고 있었던 것은 아니었다. 이상하게 늘리셨지만 그녀는 자신의 입으로 나를 바라보고 있었는데 그 입은 짜증난 내 얼굴 표정을 빈정대듯이 흉내 내고 있었다.

P. 147 나는 즉각 얼굴에 서린 초초한 긴장감을 자각하고 긴장을 풀었다. 그러자 그녀의 입도 자연스러운 표정으로 돌아갔다. 잠시 후 우리는 서로를 바라보며 동시에 미소를 지었다.

그녀를 보니 아름다운 베네딕테 폰 크발렌의 젊은 시절 초상화 하나가 떠올랐다. 그녀의 검고 고요한 눈동자를 본 사람이라면 그녀의 맑지만 어두운 목소리를 짐작하지 않을 수 없다. 그녀의 땋은 머리와 드레스의 목선이 코펜하겐 스타일이어서 덴마크어로 말을 붙여보기로 작정했다.

내가 그녀를 향해 가고 있을 때, 방 반대쪽에서 사람들이 떼를 지어 그녀가 있는 곳으로 밀려갔다. 따뜻하고 정열적인 성격이지만 산만한 백작부인이 흥분한 기색으로 손님들을 대동하고 그녀에게 달려들다시피 했다. 그녀를 데려가 노래를 시키기 위해서였다. 나는 덴마크어로 부르는 노래에 관심을 둘 사람이 없으리라는 구실로 틀림없이 그 어린 소녀가 거절할 것으로 생각했다. 결국 말할 기회가 되자 소녀는 내 짐작대로 했다. 이 눈부신 모습의 소녀 주위로 몰려든 사람들은 더욱 끈질기게 졸라댔다.

P. 148 그 중 누군가는 그녀가 독일어로도 노래한다는 것을 알고 있었다. "이탈리아어로도 노래해요."라고 웃으며 덧붙이는 목소리가 들렸다. 나로서는 그녀를 구제할 핑계거리가 떠오르지 않았지만, 그녀가 노래하지 않고 버틸 것이라 확신했다. 그녀에게 노래를 청하는 사람들의 얼굴에는 이미 당황한 표정이 역력했다. 그들은 너무 심하게 미소를 지은 통에 지친 기색이었다. 백작부인은 품위를 지키기 위해 이미 뒤로 물러선 상태였다. 그런데 전혀 그럴 필요가 없게 된 순간에 그녀가 노래하기로 했다. 나는 실망감에 빠져 얼굴에 핏기가 사라졌다. 나는 뒤로 돌아섰다. 나의 그런 표정을 그녀가 보게 해 봤자 소용없었다. 그러자 그녀가 그 사람들로부터 빠져나와 순식간에 내 옆으로 왔다. 그녀의 온기에서 뿜어나오는 꽃 향기가 나를 감쌌다.

"저는 정말 노래할 거랍니다." 그녀가 내 뺨에 가까이 대고 덴마크어로 말했다. "사람들이 원해서도 아니고, 체면 때문도 아니고, 단지 지금 이 순간에는 노래하지 않을 수 없기 때문이에요."

그녀의 목소리에는 잠시 전 그녀가 말을 걸기 전에 내가 느꼈던 흥분감이 서려 있었다.

나는 그녀를 따르는 사람들의 무리에 합류했다. 하지만 긴 문 근처에서 뒤에 남아 다른 사람들이 이리저리 움직이며 자리에 앉도록 했다. 나는 검은 문에 기대서서 기다렸다.

P. 150 누군가 무슨 일이냐며, 누가 노래를 부를 예정이냐고 물었다. 나는 모르는 척했다. 내가 그런 거짓말을 하는 사이 그녀가 노래를 시작했다.

처음에는 내 쪽에서 그녀가 보이지 않았다. 그러다 차츰 그녀를 에워싼 사람들이 이탈리아 노래를 듣기 위해 물러났다. 그 곡은 외국인들이 진정한 이탈리아 노래라고 생각하는 곡이었다. 노래를 부르는 그녀는 그렇게 믿지 않는 모양이었다. 그녀는 몹시 애를 써가며 노래를 불러나갔다. 노래가 끝나자 나는 슬프고 창피한 생각이 들었다. 사람들은 박수를 치고 이리저리 움직이기 시작했다. 나도 자리를 뜨기로 마음먹었다.

그런데 갑작스레 방 안에 정적이 감돌았다. 불가능해 보이던 정적이었다. 정적이 지속되었고, 점차 긴장감을 더해가다가 이제 그 정적을 뚫고 나오는 목소리가 들렸다. 그 목소리는 아벨로네의 목소리를 연상하게 했다. 이번에는 힘차면서도 무겁지 않은 소리였다. 그녀는 들어본 적이 없는 독일 노래를 불렀다. 그저 담담하게 불렀다. 그녀는 이렇게 노래했다.

그대여 나는 말하지 않겠어요
매일 당신 생각으로 밤을 지새운다고.
어머니의 품속에 안긴 아기처럼 여리고 연약하게
나를 바꾼다고 말하지 않겠어요.
그대는 나 때문에 잠 못 이루어도
말하지 않는군요.
이 거룩한 고통을
계속 간직해야 하나요
아니면 견뎌내야 할까요?

P. 151 (잠시 침묵 후 머뭇거리네)
저 연인들을 보세요.
마음속 깊이 간직한 사랑을 고백하자마자
금세 거짓말을 일삼는군요.

다시금 정적이 감돌았다. 그러다 사람들이 몸을 뒤척였고, 서로 밀어 부치다가, 사과하고, 기침했다. 모두 막 말을 하려 할 때 갑자기 노랫소리가 흘러나왔다. 단호하고, 강렬한 목소리였다.

나를 고독하게 만드는 그대, 내 세상의 일부.

그대는 무엇이든 될 수 있습니다. 그대는 바다의 소리가 되고

저녁 바람을 타고 오는 꽃향기가 됩니다.

내 품 안에 안겨 있다가 다시 사라지기를 계속하지만

그대만이 언제나 새로이 태어납니다.

내가 그대를 놓아주는 순간, 그대는 어디에서나 내 마음 속에 있습니다.

P. 152 그것은 아무도 예상치 못한 노래였다. 모두들 그 목소리에 눌려 조용히 서 있었다. 끝부분에서는 그녀가 너무나 확신에 찬 목소리로 노래 불러서 마치 이 순간에 자신이 노래를 부를 것을 오래 전부터 알고 있던 것처럼 느껴졌다.

나는 가끔 왜 아벨로네가 그녀의 강렬한 감정을 신께 바치지 않았는지 의아하게 여겼다. 그녀가 자신의 사랑에서 수동적인 부분을 몹시도 없애고 싶어 했음을 안다. 하지만 그녀가 마음속으로 신은 사랑의 방향일 뿐 사랑의 대상이 아님을 모를 수 있었을까? 신이 그녀의 사랑에 응해서 그녀를 사랑할 거라는 걱정을 할 필요가 없음을 몰랐을까? 그녀의 마음을 고스란히 바칠 시간이 충분했음을 몰랐을까? 아니면 예수님을 피하고 싶었던 것일까? 예수를 향해 가던 도중에 예수가 길을 막아서 사랑받는 이가 될까 두려웠던 것일까?

약한 이들에게 구원자였던 예수가 강한 이들에게는 부당한 존재라니. 그들이 천국에 도달하기까지 영원한 길만이 펼쳐져 있을 거라고 기대하고 있을 때 인간의 형상을 한 존재가 그들을 맞으러 나왔다. 그는 안식처를 제공하고 남성적인 매력으로 그들을 현혹시켰다. 그의 마음의 렌즈는 굴절력이 강해서 이미 평행선을 이룬 마음의 광선을 다시 한 점으로 모은다.

P. 153 천사들이 신을 위해 온전히 간직하려 했던 이들은 그리움에 목말라 활활 타오른다.

사랑을 받는 것은 남김없이 타오르는 것이다. 사랑하는 것은 영원히 불을 밝히는 것이다. 사랑 받는 것은 사라져 가는 것이다. 사랑하는 것은 계속 살아가는 것이다.

23장

나는 성서에 나오는 돌아온 탕아의 이야기는 사랑 받고 싶지 않았던 누군가의 이야기라고 믿는다. 그가 어렸을 때 집안 사람 모두가 그를 사랑했다. 그는 이 사실만을 알고 자랐으며 가족들의 따뜻한 사랑을 받는 것에 익숙해져 있었다.

그러다 소년이 되자 그는 다르게 느끼기 시작했다. 말로 표현하기 어려웠겠지만, 그는 온종일 집밖을 헤매고 다닐 때 개들을 데리고 다니고 싶어하지 않았다. 개들도 그를 사랑했기 때문이었고, 개들의 눈길 속에서도 호의와 기대가 느껴졌기 때문이었다.

P. 154 그 시절 그가 가장 좋아했던 것은 마음속의 깊은 무관심이었는데, 이른 아침 들판에 나가 있을 때면 가끔 그를 사로잡곤 했다. 극도의 순수성에 젖어 그는 숨이 찰 때까지 달렸다. 시간이 존재하지 않고, 자신이 그 광활한 아침 공기의 일부가 된 듯했다.

그러다가 덤불 뒤로 몸을 던져 보기도 한다. 그곳에서는 아무도 그에게 신경 쓰지 않는다. 그는 토르투가 섬의 해적이 되어 원하는 것은 무엇이든 할 수 있었다. 자신이 군대 전체가 되거나, 말을 타고 그 군대의 지휘관이 되거나, 바다 위의 배, 용도 될 수 있었다. 그는 되고 싶은 것은 무엇이든 되었다. 하지만 그가 집으로 돌아가야 할 시간이 되었다.

맙소사, 집으로 돌아가기 전에 머릿속에서 지워버려야 할 것이 너무도 많았다 모두 잊어버려야 했다. 안그랬다가는 사람들이 캐물으면 다 말해버리게 될 테니 말이다. 하지만 그가 아무리 천천히 걸어도, 늘 집의 지붕이 눈에 들어왔다. 가장 높이 달린 창문이 그를 지켜보았다. 마치 누군가 거기 서 있는 느낌이었다. 온종일 그를 기다렸던 개들이 울타리를 헤치고 그를 향해 달려와 자기들이 알고 있던 원래의 모습으로 바뀌도록 그를 몰아부친다.

P. 155 집은 변함이 없었다. 일단 그가 집에서 풍기는 냄새 속으로 완전히 들어가면, 이미 대부분은 결정된 상태였다. 여기서 그는 사람들이 생각하는 그의 모습으로 돌아왔다. 그의 조그만 과거에 사람들의 바람을 보태어 이미 하나의 인생을 만들어놓았다. 그는 가족에 속한 존재였다. 그는 낮이나 밤이나 가족의 사랑에서 나오는 희망과 의심 속에서, 비난과 칭찬을 마주하며

살았다.

소리내지 않고 위층으로 살금살금 올라가려 해도 그들이 전부 거실에 모여있어서 소용없었다. 문이 열리기만 해도 그를 향해 고개를 돌리기 때문이었다. 그러면 최악의 사태가 벌어졌다. 가족이 그의 양손을 잡아서 탁자 쪽으로 끌어다 등잔 불빛 속에서 모두들 그에게 질문을 퍼부었다. 불빛은 그에게만 비춰질 뿐 그들은 어둠 속에 있고, 그는 얼굴이 있다는 사실이 창피했다.

그는 집에 남아 거짓 인생을 살아야 하는가? 가족이 원하는 인생을 흉내 내면서 그 인생과 똑같이 되도록 자라야 하는가?

P. 156 아니다, 그는 떠날 것이다. 가족이 모든 것을 보상해주려는 의도로 고른 잘못된 선물들로 그의 생일 잔칫상을 차리느라 분주할 때일지도 모른다. 그는 영원히 떠날 것이다.

어느 누구도 사랑을 받는 끔찍한 입장에 처하지 않도록 절대 누구도 사랑하지 않으리라 다짐해왔다는 사실은 한참이 지난 후에야 깨달았다. 이 다짐이 불가능하다는 생각이 든 것은 그보다 훨씬 나중이었다. 매번 상대방의 자유에 대해 이루 말할 수 없는 공포를 느끼면서도 사랑에 사랑을 거듭해왔기 때문이다. 그는 차츰 자신의 감정 속에서 사랑하는 여인을 소진시키는 대신 감정의 빛으로 어루만지는 방법을 터득해갔다. 하지만 결국 이것은 그녀를 완전히 소유하려는 그의 욕망만 키웠을 뿐이었다.

그는 자신도 그런 빛으로 어루만져지기를 간절히 바라며 며칠 밤을 눈물로 적셨다. 하지만 사랑 받는 여인은 사랑을 받아들이는 것만으로는 사랑을 주는 여인이 되기에 턱없이 부족하다. 그는 다른 어떤 것보다 사랑이 이루어지는 것을 두려워했던 낭만적인 시인들을 떠올려 보았다. 그도 사랑이 이루어지는 것이 두려웠다. 어떤 여인이 자신을 사랑하게 될까 봐 날이 갈수록 불안해졌다. 사랑으로 자신을 꿰뚫을 여인을 만나기란 불가능하다고 여겼다.

가난이 매일 그를 위협하기 시작했다. 그는 자신이 버려진 오물더미에 몸서리를 쳤다. 스스로가 바로 그 오물처럼 느껴졌기 때문이었다.

P. 157 하지만 그때마저도 그가 가장 두려워한 것은 누군가 자신의 사랑에 응하면 어쩌나 하는 것이었다.

그의 내면에 일어난 변화를 누가 그려낼 수 있겠는가? 어느 시인이 그의 기나긴 날들을 표현할 힘이 있겠는가? 어떤 예술가가 그의 자그마한 모습과 거대한 밤들의 광활함을 포착할 수 있겠는가?

그가 서서히 건강을 회복해가는 환자처럼 느끼기 시작한 것은 그 무렵이었다. 그는 살아 있는 자체를 사랑하는 것이 아니라면 그 무엇도 사랑하지 않았다. 다른 사람들이 보여주는 애정은 그에게 근접하지 못했다. 그들의 사랑은 구름 사이로 비치는 햇살처럼 부드러웠고 그의 주위에서 잔잔하게 빛났다.

그의 인생은 신을 향한 긴 사랑을 시작했다. 생전 처음으로 사랑에 응답을 받고 싶다는 욕망이 나날이 커져 그의 마음에 가득 차올랐다. 오랜 세월 고독하게 지낸 끝에 그는 신이 눈부신 사랑을 하는 법을 안다고 확신하게 되었다. 그렇게 뛰어난 신의 방법으로 사랑받기를 갈망했던 반면 신과의 거리는 무한히 멀다는 것도 알았다.

P. 158 어느 밤에는 신을 향해서 우주 속으로 자신을 던져버리고 싶었다. 그런 밤은 몰랐던 것을 가득 발견하는 시간이었다. 그런 시간이면 그는 자신의 마음에 이는 폭풍 같은 썰물의 힘으로 지구를 잡아당길 수 있을 만큼 강렬한 느낌이 들었다. 그는 멋진 언어를 듣고는 절실한 심정으로 그 언어를 받아쓰고, 그 언어로 창작하고 싶은 사람 같았다. 그 후 그는 이 언어가 너무나 어려움을 깨닫고 낙담하곤 했다. 그는 깊은 물과 맞닥뜨려 지연되었지만 계속 달리기 위해 몸부림치는 달리기 선수와 같았다. 그는 수치심을 느꼈다. 그는 순식간에 주어진 행복의 황금을 인내의 납덩이로 바꿔야 했다. 하지만 이 모든 노력과 슬픔을 통해서 그는 사랑하는 법을 배우고 있었다. 그는 지난 사랑이 얼마나 보잘것없고 경솔했었는지 깨달았다. 그런 사랑은 하나같이 헛수고였을 것임을 알았다. 그는 사랑을 이루려고 노력한 적도, 실제로 사랑을 이룬 적도 없었기 때문이었다.

그런 세월 동안 그의 내면에 커다란 변화들이 일고 있었다. 신에게 가까워지려고 힘들게 노력하는 와중에 오히려 신을 거의 잊었던 것이다. 그가 바라는 것은 신의 인내심뿐인 때도 있었다. 그는 쾌락과 고통을 똑같이 받아들였고, 둘 다 똑같이 그에게 자양분이 되었다. 평온한 기쁨의 씨앗이 그의 내면에서 자라났다. 그는 내면의 삶을 완벽하게 다지는 법을 배우는데 집중하게 되었다.

P. 159 그는 주로 어린 시절을 생각했다. 어린 시절 생각을 하면 할수록, 점점 더 미궁으로 빠져들었다. 그 시절의 모든 추억이 막연한 전조처럼 느껴졌다. 추억들은 과거라기보다는 흡사 미래 같았다. 추억의 장소를 다시 방문하고 그 추억을 진실로 이해하고자 그는 고향으로 돌아왔다. 그가 고향에 계속 머물렀는지 우리로서는 알 길이 없다. 우리는 단지 그가 돌아갔다는 사실만 알 뿐이다.

바로 이 부분에서 이 이야기를 들려주는 사람이면 누구나 그 집이 어떠했는지 일러 준다. 시간은 그리 많이 흐르지 않았다. 개들도 늙긴 했지만 아직 살아 있었다. 개들 중 한 마리가 짖어댔다. 창가에 얼굴들이 나타났다. 나이 들어버린 얼굴들과 어른이 된 얼굴들이 나타났다. 그러다가 무척 나이든 얼굴 하나가 그를 알아보고 환해졌다. 그를 알아보았다고? 정말로 알아보기만 한 것이었을까? 용서다. 무엇에 대한 용서인가? 그것은 사랑이다. 오, 하느님, 그건 사랑이다. 모두가 알아본 그는 이런 사랑이 아직 존재할 수 있다고 생각지 못했다.

P. 160 그는 가족의 발 아래 몸을 던지더니 사랑하지 말라고 애원했다. 가족은 겁에 질려 주저하면서 그를 일으켜 세웠다. 그들은 그의 간청을 나름대로 해석해서 그를 용서했다. 가족들 모두 그의 의도를 제대로 이해하지 못해서 그는 상당히 안도했음에 틀림없다.

P. 161 그는 집에 머무를 수 있었으리라. 가족이 그렇게 자랑스러워했던 사랑은 그와는 하등 상관이 없음을 날마다 더 확실하게 인식했기 때문이었다. 그는 가족의 노력에 거의 웃음마저 나왔고 가족의 사랑은 그에게 이를 수 없음이 분명해졌다.

그들이 그에 대해 아는 것은 무엇이었을까? 이제 그를 사랑하기가 너무나 어려운 일이 되었다. 그는 오직 단 한 분만이 그 일을 할 능력이 있음을 깨달았다. 하지만 그분은 사랑을 주시려 하지 않았다.

명작에서 찾은
생활영어

THE NOTEBOOKS OF
MALTE LAURIDS BRIGGE

RAINER MARIA RILKE

시란 젊어서 쓰게 되면 별볼일이 없다.

Verses amount to so little when one writes them young.

덴마크에서 온 이방인 말테의 직업은 시인입니다. 변변한 시집 한 권 낸 적이 없지만 시에 대한 그의 가치관은 위 문장처럼 확고합니다. 여기에서 주목할 표현이 **amount to** 인데요, 가치〔합계〕가 결국 …이 되다 라는 뜻의 add up to, total to, come to 등도 모두 같은 의미의 표현이랍니다. 그럼 아래 예문을 통해 그 쓰임새를 알아볼까요?

Liberty and peace amount to a lot.
자유와 평화의 가치는 상당하다.

I believe little steps like these can add up to a big win.
이처럼 조금씩 전진하면 결국엔 큰 승리를 거둘 수 있다고 확신한다.

The cost to build a new library totaled to thirty million dollars.
새 도서관 건립 비용이 3천만 달러에 달했다.

The statistical figure for the current world population comes to almost seven billion.
현재 세계 인구의 통계학적 수치는 거의 70억 명에 달한다.

'가치(합계)가 결국 …이 되다' 라는 표현, 잘 익히셨나요? 그럼, 앞에 나온 표현을 아래 dialog로 되짚어 보기로 해요.

A : The price of Allen's recent paintings totals to ten million dollars. What a shocker!

B : He has had a long, tough journey to the top.

A : When he was poor and unknown, he could barely put food on the table. But he didn't stop painting.

B : We can say that his endless efforts added up to a smashing success.

A : 앨런의 최근 그림 몇 점의 가격이 천만 달러에 이른다는군. 놀라운 소식이지!

B : 그는 정상에 이르기까지 오래도록 힘든 길을 거쳐 왔어.

A : 배고픈 무명시절엔 끼니를 잇기도 어려웠지. 그래도 그림 그리는 것을 멈추지 않았대.

B : 그의 부단한 노력이 결국엔 대성공을 가져왔다고 할 수 있겠지.

제가 여러분의 걱정을 덜어드리죠.

I can put your minds at rest.

말테의 집에 함께 머물던 잉에보르크. 그녀는 어린 나이에 죽음을 맞게 되지만 나이에 맞지 않게 성숙한 면모를 지닌 탓에, 이처럼 주위 사람들을 안심시키고 떠납니다. 여기서 put one's mind at rest 는 …의 걱정을 덜어주다, …의 마음을 편하게 하다란 뜻인데요, set one's mind at rest, make... feel at rest, make oneself easy, ease one's mind 등도 비슷한 상황에서 쓸 수 있는 표현이랍니다.

Lie down a while and put your mind at rest.
잠시 누워 마음을 편히 가져 봐라.

He always sets my mind at rest with a word or two.
그는 항상 한두 마디 말로 내 마음을 편안하게 해준다.

Your love and care make me feel at rest.
당신의 사랑과 관심이 저의 마음을 편안하게 해줍니다.

Don't be so tensed and make yourself easy.
그렇게 긴장하지 말고 편하게 생각해.

Yoga and meditation can ease your mind a little.
요가와 명상을 하면 마음이 좀 평온해질 수 있을 것입니다.

'…의 마음을 편하게 하다' 란 뜻의 다양한 표현들, 잘 익히셨나요? 그럼, 아래 dialog를 통해 한 번 더 확인해 보세요.

A : I'm home, Amy. Where are you?

B : Oh, Jack. I can't breathe properly. I can't ease my mind.

A : Honey, what's the matter?

B : The robber stole my jewelry box and all the money.

A : I will call the police. But before that, you'd better take some pills to make yourself easy.

A : 나 왔어, 에이미. 어디 있어?

B : 오, 잭. 나 숨도 제대로 못 쉬겠어. 진정이 안 돼.

A : 여보, 무슨 일이야?

B : 도둑이 들어서 보석상자와 돈을 전부 훔쳐갔어.

A : 경찰에 전화할게. 그런데 그 전에 당신 마음을 진정시키도록 약을 먹는 것이 좋겠어.

반드시 자신을 위한 희망을 가져야 해.

Never forget to wish something for yourself.

여동생인 올레가르 스킬 백작 부인의 죽음에 이어 잉에보르크마저 죽게 되자 말테의 어머니는 죽음에 대해 이런저런 생각을 하게 됩니다. 사람들이 자기 자신의 죽음에 직면해서도 죽음에 관심을 두지 않는 현실을 개탄하며, 이는 별똥별이 떨어져도 소원을 빌지 않는 것과 같다며 말테에게 소원을 비는 것, 즉 희망을 포기해서는 안 된다고 위 문장과 같은 충고를 하죠. 여기서 **반드시 …하다**라는 뜻으로 **never forget to** 가 사용되었는데요, never fail to, be certain to, be sure to 등으로도 바꿔 쓸 수 있답니다. 예문을 통해 확인해 볼까요?

Never forget to get the laundry on your way home. 집에 오는 길에 세탁물을 꼭 찾아 와라.

Never fail to let him know that tomorrow is a special holiday. 내일은 특별 휴가라고 반드시 그에게 전해 주어라.

Ray will be certain to knock out her competitors.
레이는 반드시 그녀의 경쟁자를 물리칠 것이다.

Be sure to see the show "Dancing with the Celebrities" tonight.
오늘밤에 '스타와 춤을' 이라는 쇼를 꼭 봐라.

'반드시 …하다'라고 말할 때 사용할 수 있는 여러 표현들, 아래의 dialog로 다시 한 번 연습해 볼까요?

A : Do you think Debra Riley will jump into the race for the next presidential election?

B : Some say it's quite questionable. But I think she is certain to run for president.

A : I have to admit that she's highly motivated.

B : You're right, so she'll be sure to get the support from the voters.

A : Then we might have the first woman president.

A : 네 생각에 데브라 라일리가 다음 대통령 선거전에 뛰어들 것 같니?

B : 일부 사람들은 미지수라고 하지만 난 그녀가 반드시 대통령 선거에 출마할 거라고 생각해.

A : 그녀가 의욕이 넘치는 사람인 건 나도 인정해.

B : 그래 네 말이 맞아, 그러니까 분명히 유권자들의 지지를 얻어낼 거야.

A : 그럼 첫 여성 대통령이 나올 수도 있겠다.

설상가상으로 향수병이 산산조각 나버렸다.

What was worse, a bottle of perfume had smashed into pieces.

어린 시절, 말테는 호기심에 손님방에 들어갔다가 벽장에서 독특한 옷과 장신구를 발견하고는 신이 나서 옷을 챙겨 입고 거울 앞에 서지만, 탁자 위에 놓여 있던 향수병을 깨뜨리는 사고를 치고 말죠. 여기서 주목할 표현이 설상가상으로, 엎친 데 덮친 격으로 라는 뜻의 what is worse 인데요, to make matters worse, to add insult to injury, to rub salt in (into) the wound 등도 비슷한 상황에서 쓰이는 표현이랍니다. 예문을 통해 확인해 볼까요?

What is worse, he has to share the room with his rival, Matt. 설상가상으로 그는 라이벌인 맷과 방을 같이 써야 한다.

I missed the plane and, to make matters worse, someone stole my wallet.
나는 비행기를 놓쳤고 설상가상으로 지갑도 도둑맞았다.

He arrived late and, to add insult to injury, he began to complain about my choice of movie.
그는 늦게 온 데다 설상가상으로 내가 선택한 영화에 대해서도 불만을 표하기 시작했다.

Jen lost her brother recently and, to rub salt into the wound, her boyfriend broke up with her.
젠은 최근 오빠를 잃었는데 설상가상으로 남자친구와도 헤어졌다.

'설상가상으로' 라는 표현, 이제 다양하게 구사할 수 있겠죠? 아래 dialog로 확실히 짚고 넘어가도록 해요.

A : I heard that Logan went to the Bahamas on his holiday.

B : Do you also know that he's trapped on one of the islands because of the hurricane? And what's worse, the hotel he's staying at is flooded.

A : Oh, poor Logan. When do we expect him?

B : The airport is closed now and, to make matters worse, another hurricane is expected to come.

A : 로건이 바하마로 휴가 갔다고 들었는데.

B : 허리케인 때문에 섬 중 한 곳에 발이 묶인 것도 알고 있니? 심지어 그가 묵는 호텔은 물에 잠겨 있나 봐.

A : 아, 불쌍한 로건. 언제 오는 거야?

B : 현재 공항은 폐쇄 상태고, 설상가상으로 허리케인이 또 올 건가 봐.

쉬텐은 백작이 벌떡 일어날 때 종이들이 날리지 않도록 눌렀다.

Sten held the loose papers down when the Count sprang up.

말테의 이모 아벨로네는 말테에게 자신의 어린 시절 이야기를 들려줍니다. 아버지인 브라에 백작이 자신에게 회고록을 대필시키고, 시종인 쉬텐에게는 종이가 날아가는 것을 막는 임무를 맡겼다고 말이죠. 이를 묘사한 위 문장에서 spring up 은 벌떡 일어나다 라는 뜻인데요, 「말테의 수기」에는 '일어나다' 와 관련된 문장들이 유난히 많이 나온답니다. 한번 정리해 볼까요?

Jean de Dieu leaped up from his deathbed.
장 드 디외는 임종의 순간에 벌떡 일어났다.

I have fallen and I cannot pick myself up again because I am broken.
나는 넘어져 몸이 부서져 버렸기에 다시 일어설 수 없다.

The doctor and the valet helped him rise to his feet.
의사와 시종이 그가 일어서도록 도왔다.

He staggered to his feet and the servants put his dressing gown on.
그는 비틀거리며 일어섰고, 하인들이 그에게 실내복을 입혔다.

'일어나다' 라는 말도 이렇게 다채롭게 표현할 수 있네요. 이 표현을 활용하여 아래 dialog처럼 대화를 이끌어 보세요.

A : I went to the music hall with Henry. And he suddenly sprang up and walked out during the concert.

B : Did he leap up and go away? He doesn't have any manners.

A : The music was not to his liking. But he was so over the top.

B : Dana, you'd better not go out with him.

A : 헨리와 음악회에 갔었어. 그런데 공연 중에 갑자기 벌떡 일어나서 나가는 거야.

B : 벌떡 일어나 가버렸다고? 예의라고는 선혀 없구나.

A : 음악이 그의 취향에 맞지는 않았지만 도가 너무 지나쳤어.

B : 데이나, 너 헨리와는 데이트 하지 않는 것이 좋겠어.

덴마크 어 노래에 관심있는 사람이 없을 거라는 구실로
그녀는 거절할 것이다.

She would excuse herself on the grounds that no one would be interested in Danish songs.

베니스에서 열린 연회에 참석한 말테. 그곳에서 한 소녀를 만나게
되는데요, 사람들이 그녀에게 노래를 청하자 말테는 마음속으로
위와 같은 추측을 하죠. 여기에서 주목해야 할 표현이 …라는 근
거(이유)로라는 뜻의 on the grounds that + 절입니다. '근
거'라는 뜻을 지닌 grounds에 기초한 이 표현은 on the basis
of + 명사구로도 바꿔 쓸 수 있답니다. 하나 더! '근거가 없다'라고
할 때에는 not have a leg to stand on, be groundless 등과 같
은 표현을 쓴다는 것도 알아두세요.

The teacher didn't give Jamie a role in the play on the grounds that he has stage fright. 선생님은 제이미에게 무대 공포증이 있다는 이유로 연극 배역을 주지 않으셨다.

Will was arrested for robbery on the basis of obvious evidence. 윌은 명백한 증거에 근거하여 절도죄로 체포되었다.

The rumor doesn't have a leg to stand on.
그 소문은 전혀 근거가 없다.

Dr. Mac's theory is groundless. He manipulated all the experimental results.
맥 박사의 이론은 근거가 없다. 그는 실험 결과를 전부 조작했다.

'…라는 근거로' 혹은 '근거가 없다' 는 표현에 이제 좀 익숙해졌나요? 아래 dialog를 통해 한 번 더 확인해 봐요.

A : Alex is going to receive an Oscar for the best leading actor.

B : Are you talking on the basis of countable information?

A : There's a report from the *Star Today* that his name has been imprinted on the trophy already.

B : Your source is that infamous tabloid. Almost all the stories are groundless.

A : 알렉스가 오스카 남우 주연상을 받을 거래.

B : 믿을 만한 정보를 근거로 말하는 거야?

A : 벌써 트로피에 알렉스의 이름이 새겨졌다는 보도가 스타 투데이지에 났어.

B : 네 정보 출처는 그 악명 높은 타블로이드지로구나. 거의 모든 기사가 사실 무근이야.

THE
CLASSIC
HOUSE

offers
a wide range of world classics
in modern English.